香海文化

人生加油站

迷悟之間⑤

典藏版

香海文化

總序

從二〇〇〇年四月一日開始，我每日提供一篇「迷悟之間」的短文給《人間福報》，寫了近四年，共一一二四篇。今香海文化將之結集編成十二本書，出版在即，向我索取一篇總序。

這兩三年來陸續結集的前六集《迷悟之間》，截至目前發行量已近兩百萬冊。每集皆獲得熱烈的迴響，如：持續被金石堂、誠品等大書局列為暢銷書排行榜；榮獲國軍指定為優良讀物；諾貝爾文學獎得主高行健先生，和三十一所高中校長聯合推薦，以及許多讀書會以此書作為研讀討論的教材、不少學生因看了《迷悟之間》而提升寫作能力等等。

星雲

由於此書具有人間性和普遍性，也深受海外人士的喜愛，除了中文版，其他國家語言的版本有：英文、德文、西班牙文、韓文、日文……，全球各種譯本的發行量突破了五十萬冊。尤其難得的，中國大陸已有多家出版社來洽談《迷悟之間》與《佛光菜根譚》之版權授與事宜，相信不久，這些著作也能在中國大陸正式出版發行。

曾有幾位作家疑惑的問我：「每日一篇的專欄，要持續三、四年，實非易事！您又雲水行腳，法務倥傯，是怎麼做到的呢？」

回顧這些年寫《迷悟之間》的情形，確實，我一年到頭在四處弘法，極少有完整的、特定的寫作時間。有時利用會議或活動前的少許空檔，完成一、兩篇；有時在跑香、行進間，思緒隨著腳步不停的流動；長途旅行時，飛機艙、車廂裡，更常是我思考、寫作的好場所。

每天見報，是一種不可推卸的責任；讀者的期待，則是不忍辜負的使命。雖然不見得如陸機的〈文賦〉所言「思風發於胸臆，言泉流於唇齒」，但因平時養成讀書、思考的習慣，加上心中恆存對國家社會、宇宙人生、自然生命、生活現象、人事問題等等的留意與關懷，所以，寫這些文章並不是太困難的事。倒是篇數寫多了，想「題目」成了最讓我費心的！因此，每當集會、閒談時，我就請弟子們或學生們腦力激盪，提出各種題目。只要題目有了，我稍作思考，往往只要三、五分鐘，頂多二十分鐘，就能完成一篇或講理述事、或談事論理的文章。

在此也要說明，由於年紀大了，我的右手常會顫抖，握筆不易，這一千餘則的文章大都是由我口述，弟子滿義等紀錄。尤其滿義認真耐煩，擔任書記工作十多年，熟悉我的口音，也比較明白我所要表達的內涵。他交過來的稿子，我常是稍作修潤即可付印。

猶記當初為此專欄定名時，第一個想到的名稱是「正邪之間」，繼而一想，「正邪」二字，無論是文字或意涵，都嫌極端與偏頗，實在不符合佛教的中道的精神，遂改為「迷悟之間」。我們一生當中，誰不曾迷？誰不曾悟？迷惑時，無明生起，煩惱痛苦；覺悟後，心開意解，歡喜自在。

曾經有些讀者因為看了《迷悟之間》而戒掉嚼檳榔、賭博、酗酒的壞習慣；也有人因讀了《迷悟之間》而心性變柔軟，能體貼他人，或改善家庭生活品質，甚至有人因而打消自殺的念頭，凡此，都是令人欣慰的迴響。

《六祖壇經》裡寫道：「不悟，佛是眾生；一念轉悟，眾生是佛。」迷與悟，常常只在一念之間！祈願這一千餘篇的短文，能輕輕點撥每個人本自具足的清淨佛性，讓閱讀者皆能轉迷為悟、轉苦為樂、轉凡為聖。

二〇〇四年七月　於佛光山法堂

編者序

◎蔡孟樺

星雲大師著作等身，作品除佛學理論與佛教哲學為主，也有純文學和散文類的創作，可說大師是一位融和世出世法、貫通古今人世、獨具慧眼觀瞻、了達宗教行解的文學大家。

《迷悟之間》曾是星雲大師所創辦之《人間福報》的頭版專欄，每篇針對人世間的「迷」與「悟」，剖析社會問題的癥結，以及人心的種種善惡好壞。主題充滿多元性，不論是個人的立身處世、勵志修行，到居家的親子之道、婆媳相處或家庭倫理，亦有對社會時事的評析，對世界和平的建言，尤其是人生哲學、信仰生活、佛法義理、自然生命等，大師都有其充滿智慧的洞見與深具新意的觀點。

有人這麼描述自己閱讀大師《迷悟之間》的心情：

我每日早上起床，就會先到門外將《人間福報》收到房裡，然後迫不及待地先將星雲大師「迷悟之間」專欄默讀一遍。在漱洗清潔後，把早餐準備好，就和先生一起邊喝著咖啡，邊談「迷悟之間」的義理哲思。在出門之前，我會陪小孩朗誦一篇「迷悟之間」，期許孩子將大師的話作為一日思想的準依。每日就在「迷悟之間三部曲」中度過充實的早晨。

相信不少人閱讀大師的專欄文章，皆有相同的體會與歡喜。

在星雲大師弘法五十年、筆耕一甲子的紀念之期，為了讓普羅大眾共霑法益，香海文化特將大師四年來所撰寫的「迷悟之間」專欄結集成套書十二冊，共計一一二四篇文章，依《人間福報》刊載日期順序編排，並全彩精裝印刷及別致的書盒包裝，內容還附有千餘張精美圖照，使這套「精裝典藏版」的《迷悟之間》成為佛光檀家的傳家寶藏、人人行佛的修行寶典。

香海文化非常榮幸能編輯這套書，期望透過《迷悟之間》給人明白善惡、懂得是非、驅邪顯正、轉迷為悟；將「悟」心找回來，更能讀做一個人、讀明一點理、讀悟一點緣、讀懂一顆心。

（本文作者為香海文化執行長）

目錄

供養的用心

隨著佛教盛行，信仰佛教的人口普及，信徒的恭敬心也增長了。現在走遍世界各地，到處都有信徒在如法地實踐「供養」的修行。

所謂「供養」，也不只是指信徒用財物來供養，例如對佛陀的「十供養」：香、花、燈、塗、果、茶、食、寶、珠、衣；對法寶的「三供養」：身體的禮拜、口頭的稱讚、意念的觀想；對僧眾的「四供養」：衣服、飲食、臥具、湯藥。

如此對三寶的供養以外，我們也提倡僧眾應該對信徒有所結緣供養，也就是要給信徒佛法、給信徒鼓勵、給信徒信心、給信徒照顧。所

謂信徒給寺院添油香，僧眾也應該對信徒添油香；經云「財法二施，等無差別」，即此之謂也。

對佛和法的供養，有一般的程度；對僧伽的供養，也有一些分別。所謂「供養五百個普通人，不如供養一個有學問的人；供養五百個有學問的人，不如供養一個有慈悲心的人；供養五百個有慈悲心的人，不如供養一個明理的人；供養五百個明理人，不如供養一個有菩提心的人。」所以，現在的人供養布施時，都會想到：我所供養的僧眾，有修行嗎？有慈悲嗎？有道德嗎？我所供養的這塊福田，我在裡面播種，將來能有好的收成嗎？

其實，信徒大可不必有這樣的想法，所謂「財進山門，福歸施主」，只要你的發心純正，只要你的供養清淨，至於對方如何，就不必去計較了。

唐太宗李世民曾對玄奘大師說：「我很想供養僧眾，但是聽說現在的出家人，大多數沒有修行，應該怎麼辦呢？」

玄奘大師：「崑山雖產玉，但都含有泥沙；麗水雖然產金，也都摻有瓦礫；泥塑木雕的羅漢，對它恭敬就有福報；銅鐵鑄成的佛像金容，破壞它就會遭受懲罰；用泥土塑成的龍雖不能降雨，但是祈雨還是需要泥龍。僧眾不一定能降福給人，但是修福還是需要禮敬僧眾。重要的是供養的人，能因塑像而引發出來的一顆慈善尊貴之心。」

唐太宗恍然大悟：「今後無論碰到什麼樣的僧眾，一定用禮敬諸佛的態度來禮敬他們。」

唐太宗的體悟，也可提供給今日信眾們參考！

《人間福報》二〇〇一年四月十五日

常識人生

人有多大的學問，可能不易爲人知道；人有多少常識，很容易就能讓人秤出斤兩來。

人不但要知道過去的歷史，也要知道地球的空間，甚至天氣，乃至各種民族間的文化、生活習慣，都要認識。就如看到烏雲覆蓋，就知道天要下雨；感覺風向變化，就知道氣候要變冷。

現在的社會變化更大，更需要很多的常識。你可以不知道電腦網路，但是你不能不知道E-mail的功用；你可以不懂得股市，但你不能不知道股市對社會金融，甚至對你的經濟生活的關係。電視、收音機，你可以不看、不聽，但你不能不懂開關；手提電話，你可以不擁有，但緊要的時候，你不能不會運用。自己的生理衛生、醫藥常識，甚至到西餐廳吃飯，對於吃西餐的禮貌，你都不能不注意。乃至開會時，你要懂得會議規範；打電話時，要懂得電話禮貌；乘坐飛機也有乘坐飛機的常識。尤其現代的社會，許多新人類的用語，你也不能不知道，例如：「K書、A錢、很酷、HIGH到最高點、哈日族、E世代、銀髮族、辣妹、作秀」等。

人與人交往，有學問的朋友相聚，都會談古論今，都會談到現代的思潮，你不能不知，不能不曉。政治經濟、環保生態、教育軍事、工商科技，你可以不必成爲專家，但你對這許多學科不能沒有一些常識。例如，現在的升斗小民，也要懂得塡報稅單向政府交稅；出外旅行，進出

國境，你也要懂得填寫表格，否則舉步艱難，生活不易啊！

古人有謂「秀才不出門，能知天下事。」現在的時代，三天五日沒有看報，就好像被這個社會遺棄，可見「常識」對一個人是多麼的重要！

在社會上，遇到各種人事，種種稱呼，也是大有學問。例如，稱呼鄉長、世兄、王總、副座、夫人，甚至於台府、仙鄉、貴居、尊號等等，這些稱呼的常識也不能不知啊！

做一個現代的人，民權初步，村里大會，你也不能不知道；各種選舉，所謂選賢與能，候選人的政見也不能不懂，否則怎麼能夠顯示現代的民權呢？甚至現在各種的產品和商品，如何使用，有什麼功能？你都應該知道。

佛陀有十個尊號，其中之一叫「世間解」；即使成佛了，也要了解世間，這就是常識人生。現代的人生難爲，這是一個知識爆炸的時代，每天有多少事項的變化，每天有多少新名詞的產生，每天有多少新法令的公布，每天有多少新知識的出現；如果不注意常識，何以面對現在的社會和人生呢？

《人間福報》二〇〇一年四月十六日

尊重異己

世間上的萬事萬物，只要有兩個以上，就不會有絕對相同的內容。一個母親生養的兒女，各有不同的性格；中國有十幾億的人口，就有十幾億不同的心。江海溪流，同樣是水，但水質各有不同；山嶽丘陵，同樣是山，但沒有絕對相同的兩座山。十個手指，伸出來有長短不同；兩個眼睛，也有大小的分別；即使滿口的牙齒，也不會全部相同！有人稱同志、同學、同鄉、同宗；實際上，在相同裡面，仍有許多的差異！

既然世界上有這麼多的差異不同，所謂「千差萬別」，我們如何來與很多的不同相處呢？只有尊重不同、包容不同；所謂分工合作、合作分工，這是不易的道理！

同樣是軍人，要分陸海空各種兵種；同樣是宗教，要分佛、道、耶、回；同樣是文學，要分散文、詩歌、小說；同樣是哲學，也有東西、古今學派的不同。世間上，同的太少，異的太多；只有在異中求同、同中存異，那才是處世之道，這也是宇宙人生對我們最大的要求了。

梁啓超先生說：「今日之我，不惜與昨日之我宣戰」；可見昨日的我，與今日的我，就已經不同了！昔日恩愛的情侶，今日可能反目成仇。人，都不歡喜與自己不同的存在，所謂「順我者生，逆我者亡」，想把不同的、差異的都排除，可是世間上的萬萬千千，哪裡能排除竟盡呢？既然不能完全徹底的排除，那麼最好還是大家相互尊重、相互包容，所謂尊重異己，那就是最合乎天心了！

世間萬象，水火不相容，但是台灣的關仔嶺卻有「水火同源」；桃李不一體，但還是可以互相接枝；男女不一樣，但常說「你中有我，我中有你」；彩虹的顏色有多種，就因爲大家互不排斥，故能顯現出它的美麗。

眼睛看不到牆那邊的人和事，可是透過耳朵幫忙，至少可以聽到聲音；腳抬不起來的東西，伸手一提，就順手拈來。乾旱了，希望下雨；雨水太多了，希望陽光。水能載舟，也能覆舟；火能蒸發水分，水分也能熄滅火焰。世間的所有，都是相生相剋；甚至於人，只要有二個人，就會有紛爭，可見世間萬事萬物，哪裡能統一呢？所以，你我雖有不同，但是我尊重你，你尊重我；大家互相尊重，彼此就能共同存在了！

《人間福報》二〇〇一年四月十七日

五彩繽紛

世間上，什麼色彩最好看？紅、黃、藍、白、黑，凡是只有一色，都很單調，唯有五色，所謂「五彩」才能「繽紛」。

電影，從最早的黑白默片，進步到現在的彩色動畫時代；印刷，從當初鉛字排版的黑白印刷，進入到現在的彩色自動印刷時代。現代人的衣著，不但樣式時髦，布料的花樣、色彩，更是種類繁多；現代人的飲食，如果天然的色澤不美，總要添加各種色素，務必做到名符其實的「色香味」俱全。

天上的白雲雖然遠比烏雲好看，但總不及彩虹和晚霞，將天幕妝點

成大自然最美的色彩。森林裡，百鳥以歌聲找尋知音；大海中，魚類也以彩色來引起友誼。

世間上，有的人講話如詩如畫，他的「舌燦蓮花」可以把語言講得燦爛繽紛，生動活潑；有的人爲文寫作，起承轉合，曲折委婉，所謂「文情並茂」，令人捧讀，直歎「文中有畫，畫中有詩」。

小孩子剛出生的時候，便歡喜看彩色的東西；人的一生當中，最喜歡的是春天，因爲春天百花齊放，奼紫嫣紅，眞是美不勝收。

人生，有的人感慨自己是灰色的人生；也有人因爲沒有健康、沒有美麗、沒有理想、沒有目標、沒有歡喜、沒有知音，因此覺得自己的生活是黑色的。其實，人總希望自己的人生能活得多彩多姿，能活得「五彩繽紛」。

一個人要創造五彩的人生，什麼叫做五彩的人生呢？也就是多彩多姿的生活。例如：爲人服務、與人結緣、給人歡喜、從善如流等，能夠到處受人歡迎，到處隨緣自在；能夠以微笑、讚美來製造色彩，就能活出繽紛的人生。

如何營造「五彩繽紛」的人生呢？水彩、染料，單一的顏色總是單調的；人，當然也不能只是單一的做一件事，應該像觀世音菩薩一樣，化身千百億。例如，回到家裡，要把妻子、丈夫、兒女、父母、公婆、媳婦的身分扮演好；出門在外，也要認清自己的角色，是主管，就要承

當負責，愛護屬下；是部屬，就要勤勞盡職，擁護主管；是老師，就要化雨均霑，誨人不倦；是公僕，就要為民喉舌，服務人群。

吾人如果能將自己的善心布滿人間；將自己的愛心傳播社會；將自己的清淨真心供養十方；將自己的美麗好心與人結緣，這就是布滿人間的彩色，自然能讓自己活得多彩多姿，自然能擁有一個五彩繽紛的人生了！

《人間福報》二〇〇一年四月十八日

凡事靠自己

有人出外參學，同行的道友怕他毅力不夠，告之曰：「此行路途遙遠，我們有五事不能幫你：第一是走路，第二是吃飯，第三是睡覺，第四是大小便利，第五是無法幫你背負行李。」

確實如此，人生有很多事情，別人是沒有辦法幫忙、代替的，例如年老力衰了、疾病痛苦了，別人是沒有辦法代替的。

佛教的業力論主張，凡事皆是自作自受，唯有自己才可以改變自己的命運，自己身口意的行爲，決定自己未來的一切。

讀書求學，別人不能代替我們讀書；創業發展，別人不能幫忙我們

創業。自己喝茶，自己才能解渴；自己吃飯，自己才能飽。即使是現代的民主政治，也要靠自己有選票，才能進入議會。

所謂「在家靠父母，出外靠朋友」；父母、朋友都是我們的緣分，唯有自己，才是「因」。「因」是主要的，「緣」是外來的；光有「因」，沒有「緣」，所謂因緣不具，還是不能成事。例如一個國家要靠眾臣輔佐，但是如果國君不賢，縱有良將賢臣，也是無濟於事。

所以，外緣再多，若是自己不振，即使天降鑽石、黃金，你不去把它撿起，你仍然貧窮；即使獎章、獎狀憑空而來，你不去親自領取，榮譽也非你所屬。

世間上的事，有的可以代替，那是緣分；有的不能代替，那就非得靠自己不可。靠大樹可以乘涼、靠橋樑可以通行；但是吾人若不種樹、造橋，也無蔭可涼，也無橋可過啊！

韓愈先生說：「世有伯樂，而後有千里馬；千里馬常有，伯樂不常有。」就算你是千里馬，如果你與伯樂無緣，沒有伯樂欣賞你，你也不能脫穎而出。所以，凡事靠因緣，因緣當中最重要的還是要有「因」；「因」就是自己，靠自己才能有緣分。自己本性的善良、身體的健康、人緣的和諧、勤勞的工作，以這許多的條件爲「因」，才能獲得「緣」助。

有個兒童深信因果，媽媽卻告訴他沒有因果；若是眞有因果，媽媽願意代爲承受。一日，小孩不愼割傷手指，血流不止，痛苦不已，高聲喊道：「媽媽，請您趕快代替我痛一下喔！」

因果是不能代替的！甚至有時我們祈求佛菩薩的靈感庇佑，也要靠自己的虔誠信心，否則如人遭逢大水時，儘管佛菩薩化身各種人等來救你，如果你執著不肯上船，你也無法得度！又如田地裡沒有播種，縱有雨露肥料，也不能生長萬物啊！

由此觀之，富貴榮達，一切都要靠自己喔！

《人間福報》二〇〇一年四月十九日

名詞的魔術

世間法的名相，因名生解；名相的功用，無可否認。但是，過分的執著名相，被名相所執、所迷，則就反受其害了！

鬼，是一個很可怕的名詞，人人「談鬼色變」。但是，有的人對自己最親、最愛的人，也歡喜稱他為「鬼」。例如，太太暱稱先生為「死鬼」；母親叫自己的小孩為「小鬼」，可見「鬼」之一詞，也是人所最愛，這不就是名詞的魔術嗎？

鄉村的居民，向政府反應：我們每到河邊取

水，都要走過「五里路」這條路，實在是路途遙遠，非常辛苦，請政府為我們改進。後來聰明的長官下令說：「以後這條路改名為『三里路』，不可以再叫『五里路』。」全村的居民大喜，說：「現在好了，今後我們取一擔水只要走『三里路』就可以了。」

「五里路」與「三里路」只是名詞的變換，大家的感受就有苦樂的不同，這不就是名詞的魔術嗎？

人，如果被人比如畜牲，說你是狗、是虎狼，甚至連狗都不如、連虎狼都比你好，你必然會生氣。但是，有的父母為兒女取名為小貓、小狗、小虎、小牛，甚至有名的新光保險公司創辦人吳火獅，他以「獅子」為榮，到處建設許多以「獅」為名的企業，「獅子」儼然已成為他傲人成就的標記。前高雄市長楊金虎，也是以「虎」為榮；現任台北市長馬英九，更以「小馬哥」的名號，樹立了親切的形象。可見名詞的魔術，只在人的一念之間。

其實，人之一生，從「嬰兒」到「女童」、「小姐」、「太太」、「媽媽」、「婆婆」、「奶奶」，名詞雖多，實乃一人。名相的變化，人心、人性，實乃不變也。

《金剛經》說：「凡所有相，皆是虛妄。」名相，千差萬別，但是其理一如也。我們對於千差萬別的名相，只要心中的一念，你認定，你歡喜，你接受，管它名詞的魔術如何變化，又豈奈我何？

所以，佛教裡有「四依止」：一、依法不依人；二、依義不依語；三、依智不依識；四、依了義不依不了義。由此，名相的分別，不就可以了然了嗎？

《人間福報》二〇〇一年四月二十日

沒有辦法

一個人會不會做事，能不能幹？就看你問他話時，他的回答是肯定的呢？還是否定的呢？如此就能知道他的能力如何了！

凡是你拜託能幹的人，他的回答都是正面的OK（好）；凡是不能幹的人，他的回答都是NO（不好）。例如，我不會寫信，請一個能幹的人幫忙，他必定都是OK。如果他實在沒有時間，他會說：我下午或明天幫你寫。甚至他也可能說：我找個人代替我幫你的忙！總之，他會幫你把事情完成。相反的，一個不能幹的人，即使是舉手之勞，他也會說：我沒有時間、我不喜歡、我不願意、你爲什麼不去找別人呢？

經常聽到有一些人，口邊常常掛著「沒有辦法！」其實，眞的沒有辦法嗎？是他沒有「想辦法」解決問題，輕易的就認爲「沒有辦法」。例如，你約他開會，他說沒有時間，「沒有辦法」；你找他爲傷殘者做個簡單的服務，他說看到傷殘的人他會難過，實在「沒有辦法」；你請他做個半天的義工，他說沒有興趣，他「沒有辦法」；一件重的東西，有一個人搬不動，請他來幫忙，他說我的體力不夠，「沒有辦法」！「沒有辦法」最終只會爲他帶來「沒有辦法」的人生！

所謂「辦法」，是人想出來的！有的人創業遇到挫折，做事遇到困難，處人遇到責怪，思惟遇到瓶頸，往往都以「沒有辦法」來搪塞。其實，你用固定的方式、陳舊的辦法行不通，如果你能轉換思惟、客觀評斷、多方參考，換個角度來看問題，必定是會有辦法的。「條條大路通長安」，狡兔都有三窟，世間一切事，哪裡會「沒有辦法」呢！

做人，可以換一個思惟：說好話，我有辦法！存好心，我有辦法！做好事，我有辦法！結善緣，我有辦法！我讀書十年都有辦法，成佛成聖都有辦法，世間上還有什麼是沒有辦法的呢！

漢高祖劉邦、明太祖朱元璋，一個是街亭的亭長，一個是皇覺寺的沙彌，他們都能當上皇帝，他們不都是「有辦法」嗎？王永慶先生是賣米的，林百里先生只是一個在台灣的僑生，他們都能成爲百萬億的富翁，憑的不就是「有辦法」嗎？

辦法是人想出來的，所謂「窮則變，變則通」，不能說沒有辦法！就算自己沒有辦法，也可以向別人請教。此路不通，還有別徑；此事不好，還有他事；此人不行，再找別人；此法不好，爲什麼不再另外去找一個更好的辦法呢！

《人間福報》二〇〇一年四月二十一日

不要等待

這一生能夠做完的事，這一生就把它做完，不要等到來生；今天能夠做了的事，今天就把它做了，不要等到明天；自己能夠做好的事，自己就把它做好，不要等待別人。

機緣是要等待的，實力是要養成的；但是，發心、實踐是不能等待的！

凡是共成的事、有牽制的事，是需要等待的。飯未煮熟，鍋蓋不要輕易一掀；蛋未孵熟，母雞不可輕易一啄！但是，一些好事、善事，是不容蹉跎、不容等待的！

一塊土地，可以蓋一棟房子，自己不蓋，等待兒子；兒子大了，把土地賭輸，賣給了別人！一椿善舉，可以造福廣大群眾，遲遲不肯捐錢；經歷一場大火，始知財富乃「五家」所共有！

愚人請客，要等待客到的那天才擠牛奶，但是客到牛已無乳了。道元晒香菇，不在大太陽的時候晒，難道要等太陽下山才晒嗎？

所以，凡事不能等待別人，別人不是我；凡事不能等候明天，明天還未到來。可以做好事的時候，不要等到發財以後才做，因爲發財以後不一定想要做好事；甚至財未發，無常已經到來了，因此凡事不能等待。陽明山上的櫻花很美，但是你要

趕在花季的時候前往欣賞；等有時間，永遠沒有時間，正如等到發財，永遠不能發財！

佛教講「照顧當下！」等待明天，明天過了還有明天；等到以後，以後還有以後。等待中，浪費了多少的今朝明日；等待裡，消耗了多少的希望與雄心！只會等待的人，永遠不能成功！

不要等待，要有行動的力量；不要等待，要有即刻辦的精神！不要等待，才有成功的希望；不要等待，才有無限的未來！

你要等待，身體衰老了！你要等待，頭髮變白了！你要等待，無常到來了！你要等待，機緣喪失了！

等待，等待，春天播種的時候過去了；等待，等待，黃金隨著潮水流走了；等待，等待，夕陽眼看著就要下山了；等待，等待，無常的弓箭就要射向你了。等待的人，虛幻渺茫的主人會接見你！等待的人，一事無成的家園會等著你！等待的人，黯淡無光的黑夜會籠罩你！等待的人，空白人生的世界會有你的一份。

凡事不要等待！把握現在，才有希望的未來；把握當下，才有美好的人生。切莫等待，消磨了人生，空悲切啊！

《人間福報》二〇〇一年四月二十二日

知足與能忍

知足常樂，能忍自安！

有人說：人生沒有強烈追求向上發展的欲望，失去了奮鬥人生的意義；也有人說：凡事忍耐，太過消極，缺乏積極進取的打拚精神。

其實，知足看起來是保守，實際上是人生的安樂之道。佛經固然鼓勵人要有善法欲，要讀書求知、要爲善利人、要希聖希賢、要昇華解脫自己、要奮勇降服煩惱魔魘；總之，善法欲可以帶給人很大的啓發與鼓舞。但是，另外有一些染污欲，例如貪財好色、貪名好利、貪杯好酒、貪玩好物；貪圖一些不當的欲樂，若不能節制、知足，則欲望無窮，就

找不回自己了。

「能忍自安」，忍耐看起來是吃虧保守，其實「忍」之一字，是大力量，是大智慧，忍的力量勇銳無比。

紀渻子是有名的鬥雞師，周宣王要他訓練一隻鬥雞。紀渻子接受任務後，一過十日沒有消息，宣王等得不耐，催他，紀回答：「還不行，此雞生性自狂自傲，只會虛張聲勢，其實遇到強者，不堪一擊！」

宣王又等了十日，再催問如何？答說：「此雞沉著不夠，一聽到其他雞叫就會衝動，還不是大將之風！」宣王失望，不再催問。一日，紀渻子報告：「大王！鬥雞訓練好了。因爲此雞現在聽到他雞啼叫，恍如不聞；見到他雞跳躍，恍如不見，簡直就像一隻木頭雞，氣定神閒，從容安詳，已是全能全德。只要其他鬥雞一見到牠，就會落荒而逃，不戰而勝，這才算是眞正的鬥雞了。」

紀渻子訓練鬥雞，說明人不能逞匹夫之勇，沒有大智、大仁、大勇，不足「言忍」也。一個人不能忍，那裡能安？所以能忍自安，是至理名言喔！

所謂「知足」，就是個人對物質的要求要能節制，對自己的愛欲要能自我駕馭，對世間的誘惑要有力量克制。欲望像一匹野馬，知足宛若一條韁繩，必須靠知足的韁繩來駕馭貪欲，才不會成爲欲望的奴隸；瞋恚像一把利刃，忍耐像武士的盔甲，內在的精神有了忍耐的盔甲武裝，即使人生如戰場，也不致危險了。

忍之一字，眾妙之門。古聖先賢立身處世，沒有不得力於忍也，例如孔子忍飢、顏子忍貧、淮陰忍辱、婁公忍侮等。知足乃無上財寶，富上大師故意前往無人的地方化緣，大梅法常禪師以松果爲食、以荷葉爲衣；乃至古來多少仁人君子，一錢二錢只求生活能夠溫飽，他們並非不知錢財物質的寶貴，只是不想被欲望所役使；多少的英雄武士最後躬耕田園，他們也不是畏懼戰鬥，只是樂得清閒自在！

所以，希望追求幸福安樂的人們，何不三思之。

《人間福報》二〇〇一年四月二十三日

豁達人生

想得開，看得破，這就是「豁達的人生」！

人生，往往因為想不開、看不破，所以煩惱重重。一間房子，沒有門出去，長久關閉在裡面，怎麼會快樂呢？住在一座古城裡，多時不能出城，你也會感覺到自己的世界太狹小了。我們好名，被名枷給綑綁了；我們好利，被利鎖給縛住了。人陷在自私的感情裡，就會有所執愛；愛得沒有自由，愛得沒有出路，愛得束縛，就是因為自己沒有豁達的心胸。不能豁達的人生，被圈圈圈住，被框框框住；所謂「坐井觀天」，那裡能看到廣大無邊的天地呢？

世間的凡夫眾生，往往被一個人就能綑鎖住我們；一句是非也能左右我們。在無明的人我是非裡面，沒有豁達的心情，沒有豁達的觀念，想要獲得快樂，實在難矣也！

有的人，對金錢放不下，做了金錢的奴隸；對物質放不下，做了物質的囚徒。有的人爲了守住一棟房子，不肯出外旅行；有的人養了一隻寵物，就不許其他的貓狗入內。有的人爲了盡孝守墓，荒廢了多少年輕的歲月？有的人爲了一個官位，不惜一切的鑽營。如果我們能有豁達的人生，「心量如同虛空界，思惟多如恆河沙」，那裡會被世間的這許多葛藤牽絆呢？

古代有一位金碧峰禪師，過分喜愛他食用的玉缽，因爲一念貪執，幾乎被陰間的獄卒拘去，幸虧他覺醒得早，擲破玉缽，捨去貪念。他說：「若人欲拿金碧峰，除非鐵鍊鎖虛空；虛空若能鎖得住，再來拿我金碧峰。」此即突破貪執的觀念，而進入到豁達的人生。

彌勒菩薩的「行也布袋，坐也布袋；放下布袋，何等自在！」彌勒不被布袋所拖累，金碧峰不為玉缽所拘囚；乃至趙州不受趙州茶的操縱，雲門不受雲門餅的牽絆，萬事能夠放下，那是何等逍遙自在的人生啊！

甚至莊子的「鼓盆而歌」，善慧大士一家人的「坐化立亡」，王打鐵在火爐邊的「站立往生」，丹霞禪師覺悟「考官不如考佛」而剃度等；他們能夠「擁有」，也能「空無」，他們在功名富貴、窮通得失之間，都不忘自在，這就是豁達的人生。能夠心胸豁達，人生何其美好啊！

《人間福報》二〇〇一年四月二十四日

自我肯定

人，不能自我執著，但要自我肯定；人，自我肯定容易，但是包容別人的意見不容易。

自我肯定不是自我執著，自我肯定要能包容別人。自我肯定很重要！對慈悲，如不自我肯定，難道要瞋恨才好嗎？對道德，如不自我肯定，難道要放縱才好嗎？對美事、善舉、好話，要自我肯定，要有我能、我會、我可以的自信；對世間的善事不能肯定，便容易行惡做壞事。

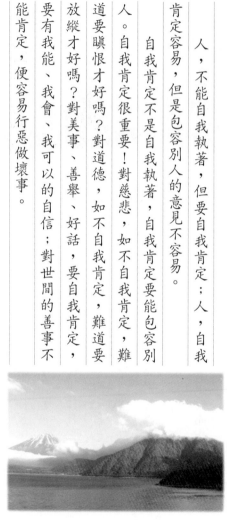

美國黑人的教科書上寫著：「黑，是世界上最美的顏色。」這就是自我肯定。一個隨時充實自己的人，自然擁有自信，自能自我肯定；一個沒有信心的人，就無法給人信心，自己都不能肯定的事，當然也無法取得別人的肯定。

佛門中的信仰，不是要大家信佛，而是要肯定自己、認識自己、對自己有信心。釋迦牟尼佛能夠自我肯定，故能不畏辛苦，終而夜睹明星，證悟成佛；六祖惠能大師因為自我肯定，因此雖然暫居磨房舂米，終能見到自性，而成一代祖師。

在人生的旅途上要站得住腳，要禁得起考驗，對自己的所想、所言、所願負責，自然就能受到別人的肯定。

鴻雁是一種大鳥，飛得很高，站在地面的人難以辨識到底是什麼鳥？越國的野鴨很多，越國人看慣了野鴨，往往就把飛在高空上的鴻雁當作野鴨；楚國的燕子很多，楚國人看慣了燕子，也往往把飛在高空的鴻雁當作燕子。

一對遨遊藍天的鴻雁，飛過了楚越兩國，雌鴻雁說道：「楚越兩地的百姓眞迷糊，居然把我們看成是燕子或野鴨。」

雄鴻雁笑著答道：「不要怪他們了，儘管楚人把我們當成燕子，越人把我們看成是野鴨，但我們還是鴻雁，絕不會是野鴨，也絕不會是燕子，不是嗎？」

自己就是自己，即使在這世界上有好幾億人口，你還是你自己。遺憾的是一般人因為不能自我肯定，不能掌握自己的前途，因此不得不借助求神問卜、算命看相。然而看手相、臉相，不如看「心相」，「心」是我們的主人；世間上的好壞，皆以心為出發點，心生則萬法生，心滅則萬法滅。心外的世界如何改變，我們無法控制，但只要自己心中能夠自我肯定，就可以做自己的主人。人若能肯定自己，不被名位權勢、五欲六塵的境界牽著鼻子走；心能安住，則任憑天崩地裂，又豈奈我何？

《人間福報》二〇〇一年四月二十五日

時間管理

一個人，要管理家，要管理人，要管理事，要管理錢；管理，才能上軌道，才能有條理，才能用而不亂。

但是，時間也要管理，有人一生下來，老天給他的數十年時間，他不知道運用，一生就在時間裡七顛八倒。例如，童年應該讀書，他偏要遊玩；中年了，應該要做事，他想到讀書。如果學習，應該先要為人服務，他偏偏自私，什麼都只想到自己；等到老年了，應該要為自己保留一些餘力，他又去為兒孫效力，搞得自己精疲力竭、焦頭爛額。人生可以用一些時間去做一點善事，結一些人緣，他偏要去打牌、喝酒、跳

舞，浪費了時間，到最後自己生命中的花種不能結果，豈不可惜！

一個人在銀行裡的存款有多少，如何使用？要「量入爲出」；每個人在生命裡的時間，你擁有多少？要「量有而用」。當青春已經不再，他還要及時行樂，不知無常之將至；當老年了，眼耳鼻舌身，甚至五臟六腑已經不太聽話了，他還毫無警覺，還在繼續濫用，致使一切東西不知它的時間壽命。由於你濫用無度，等到百病叢生的時候，即使再有時間，它也不屬於你的了。

「是日已過，命亦隨滅」，時間就是生命，愛惜時間，才能懂得愛惜生命。如果時間是金錢的話，將每個月所得分作十分，其中用五分去顧念家庭、兒女、親人的生活，另外要以二分去爲社會公眾服務，做社會的義工；再有一分留給自己，過著宗教發心、奉獻的生活，剩下的二分，要做旅遊、參學，以及正當娛樂、運動等。

綜合起來，時間的管理，要讓它有正當性，要讓它有建設性，要讓它有成就感；要讓人生的歲月雖然是老去了，但時間卻帶來了你的成就、你的歷史、你的功德。所謂「精神不死」，就是你能留下了時間中的許多傑作，昭昭都能存在，例如佛陀的說法，例如孔子的傳道，例如玄奘的西行，例如馬祖的叢林；以及許許多多偉大的建寺、偉大的雕刻、偉大的藝術、偉大的文學作品之光輝，都能輝耀人間，這才是一流的時間管理。

《人間福報》二〇〇一年四月二十六日

學習與嫉妒

別人的學問比我好，能力比我強，道德比我高，我應該學習他呢？還是嫉妒他呢？

學習他，是正常的，是應該的！吾人不但應該向先賢前輩學習，甚至像鳩摩羅什與盤頭達多，大乘小乘，互相為師；孔子也曾說過，自己不如一個老農！世間上，十項全能的通才，畢竟只是百千萬億人中的少數！所以，父母向兒女學習，老師向學生學習；學習不但不是可恥的事，反而謙虛學習的人，更能令人尊敬。

眞理、知識，除了佛陀等聖者之外，應該是沒有權威的，因此在眞理、知識的面前，人人都應該要合掌、低頭來接受。

然而，不知從何時起，中國人忽略了學習的態度，只要見到別人比自己好、比自己強者，就會心生嫉妒，甚而障礙、打擊對方，像公雞的性格，見不得別人抬頭高叫，最後只有同歸於盡。

學習是進步，是成長！所謂「青出於藍，更勝於藍」，老師的成就不一定要比學生高；甚至父母因爲不嫉妒兒女接受高等教育，所以才能培育出博士、碩士的優秀兒女！如果父母師長都要嫉妒兒女、學生的話，那麼所謂「痲布袋、草布袋，一代不如一代」，如此社會怎麼能有所作爲、怎麼能有所進步呢？

「見賢思齊」、「三人行必有我師焉！」我們看到多少莘莘學子，一生都在努力學習，所以才能不斷進步，不斷成長。但是就是有一些人，在別人生前都不喜歡推崇他、讚美他，總要等到死後，才肯說他好話，這就是嫉妒的心理。

嫉妒猶如一把火，不是燒毀一個人才，而是燒毀整個社會的成就！天主教有一次表揚中國的一百二十位聖人，大部分都是已經逝世的傳教士。其實，中國現在活著的天主教聖人，又何止一百二十位呢？

於此我們不僅也要問：台灣佛教的聖人在那裡呢？大陸佛教的聖人在那裡呢？世界佛教的聖人在那裡呢？由於一些檯面上的人物心胸狹小，或分宗派，或分地域，妒賢害能；大家沒有學習的雅量，又何能產生聖賢呢？因此，爲了國家社會的發展，爲了廣大群眾的福祉，我們面對賢能而又有道德、智慧的人，是學習他呢？是嫉妒他呢？有待吾人深思！

《人間福報》二〇〇一年四月二十七日

此岸彼岸

你有「得度」嗎？「得度」就是「波羅蜜」的意思！能夠「波羅蜜」，就是能從此岸到彼岸了。

在佛教裡，把此岸看作是娑婆世界，把彼岸當成爲極樂淨土。所謂此岸是「迷」、彼岸是「悟」；此岸是「苦」、彼岸是「樂」；此岸是「邪」、彼岸是「正」；此岸是「束縛」、彼岸是「解脫」。因此，有人把此岸說成種種的苦處，把彼岸說成無限的快樂。例如「八苦交煎」的人間，就是此岸；「八種解脫」的淨土，就是樂國。「此岸」不值得流連，不值得停留，人生應該要努力的往極樂的「彼岸」前進。

現在中國的政治，有「海峽兩岸」、有「兩岸三地」。既然分有兩岸，誰是此岸，誰是彼岸？便應該有所評鑑。

大陸和台灣，誰是此岸？誰是彼岸？誰來爲此岸打分數？誰來爲彼岸做評鑑呢？如果用「六度」——布施、持戒、忍辱、精進、禪定、般若來評判，誰是此岸誰是彼岸，就可一目了然了。如果這一個地方，一直施予人歡喜、施予人財物、施予人希望、施予人眞理，他就是彼岸；否則，只是貪婪、接受，就是此岸了！這個地方是守法、講理、有道，就是彼岸；此地如果是犯法、自私、無道，就是此岸了！

彼岸是能夠給人平安，彼岸是精勤向上、安住身心，彼岸是如理的智慧生活；否則，瞋恨、懶惰、散亂、愚癡，那就是此岸了。

如果要把大陸和台灣分出誰是此岸，誰是彼岸？自由民主是一種評

鑑，富貴安樂是一種評鑑，和平仁慈又是一種評鑑。

其實，除了國家因爲地理位置的關係而有此岸和彼岸之分以外，我們的心靈上，也有此岸和彼岸的分別！

心中的此岸，只有自己一人，孤獨、寂寞、無助、無緣；如果心中能夠包容彼岸的話，彼岸有人有物、有你有他、有情有義、有山有水，彼岸就是有林泉的安樂淨土！

此岸、彼岸，其實都在我們的一念心中！你可以擁有此岸，但也要擁有彼岸啊！你可以把此岸建設成淨土，你也可以把彼岸建設成爲你心中的國土。消除此岸和彼岸的觀念，打破人我的界線，彼此成爲一家，不亦宜乎！

《人間福報》二〇〇一年四月二十八日

赤子之心

什麼是「赤子之心」？你有「赤子之心」嗎？赤子之心就是佛心；赤子之心就是母心；赤子之心就是聖心；赤子之心就是童心。或者也可以說：慈悲、誠實、天眞、善美，都是赤子之心。

你見到眾生受苦，心生不忍，那就是赤子之心；你看到他人受難，心生惻隱，那也是赤子之心。收容流浪狗、成立兒童中途之家、關懷老弱婦孺、救濟各種傷殘，都是赤子之心！

大智文殊菩薩稱爲文殊童子；大菩薩稱童子，是因爲他有赤子之心。善財童子「五十三參」，因爲他追求眞理，所以也以童子爲名。其他

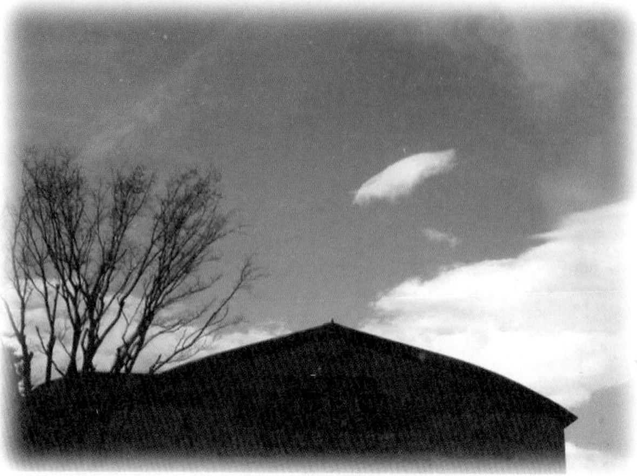

如老子、莊子、孔子、墨子、朱子等子，皆成爲聖賢的美稱。

童子之心是赤子之心，童女之心也是赤子之心。花木蘭代父從軍，緹縈喊冤救父，還有那講經弘法的妙慧童女，以及那幫助弱小的慈行童女，她們也有赤子之心喔！

中國的帝王當中，唐太宗最有赤子之心。有一次，太宗正在宮中把玩一隻小鳥，聽到大臣魏徵到來，迅速將小鳥藏在袖子裡，表面故作鎮定的與魏徵對談，實則內心一直在掛念袖中的小鳥，深怕牠悶死，急得額上冒汗，眞摯的「赤子之心」顯露無遺。

清朝的乾隆皇帝也不失爲一個有赤子之心的人。有一天，紀曉嵐在背後稱他爲「老頭子」，不巧被乾隆聽到，乾隆故意藉機爲難紀曉嵐，要他解說何意？否則絕不輕饒。機智過人的紀曉嵐答曰：「皇帝稱萬歲，此謂之『老』；皇帝乃萬民之首，此謂之「頭」；皇帝爲天子，此謂之『子』！」乾隆與紀曉嵐君臣不但機鋒相對，兩人也都有赤子之心。

在美國的黨政要員中，也不乏有赤子之心的人。例如民主黨總統候選人史帝文生，在競選期間，爲了贏得選民的好感，他表示非常重視兒童，所以在演說時，總會問：「請問你們有誰願意當總統候選人嗎？請舉手。」在場的小孩幾乎都會舉起手來。接著他又問道：「請問各位孩

子們，美國總統候選人有誰想再當孩子嗎？」說完之後，他自己就立刻舉起手來，逗得在場的父母選民們大笑不已。史帝文生雖然兩次角逐總統寶座，均敗在艾森豪之下，但他的赤子之心風靡了全美國人。

在中國的二十四孝中，老萊子娛親，他就是有赤子之心；佛門的師徒之間，老和尚替做住持的徒弟倒茶、切水果來招待客人，這就是赤子之心。

幽默是赤子之心的語言，「老做小」是赤子之心的行爲。有赤子之心的人，做長官的會把長官做好，做長輩的會把長輩做好。赤子之心，其實也就是所謂的菩提之心啊！

《人間福報》二〇〇一年四月二十九日

真正的財富

有一個大富翁，擁有千萬的財富，別人和他談話，他都訴說「窮啊！窮啊！」有人就質問他：「你萬貫家財，為什麼還要哭窮呢？」他說：「不知道什麼時候會有水災或火災，所謂『水火無情』，財富會給水火蕩盡啊！」

人再質問之：「那有這麼巧，這麼多的水火？」富翁說：「貪官污吏也會搶奪我的財富啊！」又有人質問道：「那有那麼多的貪官污吏？」富翁說：「不肖的子孫也會把我的錢財敗光，終至傾家蕩產啊！」富翁接著又說：「還有盜賊土匪、通貨膨脹、金融風暴、經濟不景氣等，都可能使我的財富一夕之間化爲烏有；因爲財富乃五家所共有，我怎麼能不窮呢？」

另外有一個平凡的農夫，經常告訴人家，說他是全國最有錢的富翁。稅捐處聽到之後，就想要扣他的稅，問他是不是自承爲世上最富有的人？農夫認可後，稅務人員就問他：「你有哪些財富呢？」農夫說：「第一，我的身體很健康，再者我有一位賢慧的妻子，我還有一群孝順的兒女，更重要的是，我每天愉快的工作，到了秋冬的時候，農產品都會有很好的收成，你說我怎麼不是世上最富有的人呢？」稅務人員聽完之後，恍然大悟，終於恭敬的對他說：「你不愧是一個最懂得人生之道、最具有智慧的富者。」

眞正的財富，不一定要看銀行裡的存款，也不一定是指土地、房

屋、黃金、白銀，這些都是五家所共有，個人無法獨得；人生唯有信仰、滿足、歡喜、慚愧、人緣、平安、健康、智慧等，才是眞正的財富。

所謂「人爲財死」！人往往爲了貪財好利，在過分的貪求物欲的時候，喪失了寶貴的生命，眞是何苦來哉！假如吾人想要擁有眞正的財富，明理、勤勞、喜捨、道德，都是眞正的財富。因爲這些財富不但現世受用，來世還可以受用；不但一時受用，還可以終身受用；不但一人受用，還可以大眾受用。

所以，所謂財富，公財、共財、淨財、善財，才是眞正的財富喔！

《人間福報》二〇〇一年四月三十日

人生本色

人都有他一定的角色，把自己的角色扮演好，就叫做「做人的本色」。

社會上，商人有商人的本色；軍人有軍人的本色；學者有學者的本色；工人有工人的本色；經濟家有經濟家的本色。甚至哲學家、科學家、政治學家都有各自的本色。問題是，既然各人有各人的本色，就應該把自己的角色扮演好。可是有一些人往往把人做得失去了本色，例如青年好強鬥狠，他說這是英雄本色，其實這不是英雄的本色，這是狗熊的本色；少女虛榮遊蕩，她說這是女人本色，其實這不是女人的本色。

一個人如果失去了本色，就是失去了立場，失去了人的本位。

花有紅、黃、藍、白，總有它的本色；布料有絲、綢、綾、緞，也都各有它的本色。不管是什麼顏色，只要純眞，有人欣賞，有人喜愛，就不失本色。怕的是絲不像絲，綢不像綢；紅不像紅，白不像白；離開了本色，那就沒有什麼値得可取的了。

所謂做人的本色，像史可法、文天祥、岳飛等就是忠臣的本色；像楊國忠、秦檜、魏忠賢等就是奸臣的本色。前年台灣上演的宰相劉羅鍋，劉羅鍋就是一個忠臣的本色。至於和珅當然不是忠臣，但也不是奸臣，更不是佞臣，只能算是弄臣的本色。再如唐玄宗身旁的高力士，乾隆皇帝的三德子，他們連弄臣的角色都不像，只能算是小丑的本色。其他諸如抗日的張自忠、抗清的林覺民，他們都算得上有英雄的本色；曹操、王莽、袁世凱只能算是梟雄的本色；武則天夠稱有女強人的本色，慈禧太后只能算是亂政弄權，還不夠資格稱爲女強人的本色；孟子的母親、岳飛的母親都是慈母的本色；花木蘭、緹縈、秋瑾都是表現了女青年的本色。

古今社會所有人等，都想表現他們的本色；本色也可以說是做人的形象，每一個人希望把自己樹立成一個什麼樣的形象，那就是人的本色。有的人以堅貞不渝爲他的本色；有的人以忠誠不二爲他的本色；有的人以勇於負責爲他的本色；有的人以勤勞精進爲他的本色；但也有一些人，一生不管做什麼都不像，也就失去了人的本色。

《古文觀止》裡的「誡兄子嚴敦書」說：「刻鵠不成尚類鶩者也，……畫虎不成反類狗者也」；做人能做得出人的本色，也實在是不容易的事了。

《人間福報》二〇〇一年五月一日

老來子

現在社會上有不少的人都願意做「老來子」。

年輕的時候，爲自己打拚、創造，或者跟隨他人工作、獻心獻力。但是，人生隨著歲月的消逝，年齡老了，靠過去的主管，甚至國家來照顧，但是主管、國家因爲你年老了，不適用了；靠人，人也因爲你歲月無多，也使不上力了。靠自己，青春歲月隨著時間消逝，一個女人，人老珠黃，沒價值了；一個男人，人老體衰，無人要了。所以，社會上還有另外的一些好心人，他們收容失怙的「老來子」，儘量給予安度晚年，表達人間還有一些溫情。

老來子，要有心理建設，人老心不老，對社會還可以做經驗的傳授；老來子，「好漢不提當年勇」，但也還可以做一些輕鬆的灑掃工作。眼看現在社會上不少大樓的管理員，有許多都是往昔的廳處長、將校之流，因為能夠放下身段，一樣可以活得非常自在。

老來子，要安度餘年，就算社會有心人給你一點因緣，你也要懂得珍惜，尤其要懂得自我調適，例如：

一、要感恩：對往昔曾經用過你、助過你、給過你的人，點滴都應該感恩，因爲在感恩的時空裡，你會擁有比以前黃金歲月更多的人緣。

二、要知足：人老了，吃，吃不了多少東西；走，走不動多遠的路，所以外緣給我們的點點滴滴，都感到很滿足。每天有空氣呼吸，能不滿足嗎？經常有太陽的照耀和雨水的滋潤，能不滿足嗎？平時看山看水，看人來人往，還不滿足嗎？

三、要用功：青年學子，要用功讀書；年老長者，要用功修行。日常生活中閒來無事，眼睛一閉，雙腿一盤，自然會感受到與乾坤同在；口中念佛，腦中觀想，自然會有置身淨土的感受。能夠懂得用功修行，生活才有所寄託，時間才有所支配，老年的生活才會多采多姿。

四、要忙碌：老年人不要想要安閒。安閒無所事事，人家都寄望你等死。所以，老人要自己振作，要自己忙碌；要看、要聽、要做、要走，要忙著做義工，忙著各種消遣，如此則雖曰老人，不亦樂乎！

「老來子」，就是你沒有地方去，便想要找一個地方，找一個人；即使他不要你來，你也要來，甚至請求他讓你來，所以叫做「老來子」。如果你能依以上四點來做，你老而不休，那個時候，國家社會，甚至你的子女就會叫你「老回來」——老了，你回來吧！

所以，一個人何必讓人家稱爲「老來子」；爲什麼不努力做一個「老回來」呢？

《人間福報》二〇〇一年五月二日

你給我

我要，你給我，這是貪心；我歡喜給你，這是捨心。

你給我，只要你願意，只要你歡喜，只要你心甘情願；「你給我」，我當然可以接受你的緣分。

我給你，也是同樣的道理！我心甘情願給你，我歡喜給你，我樂意給你；但是如果沒有這許多好的因緣關係，你給我、我給你，造成彼此的煩惱、懊悔，這是不當的施予。

從小事上說，你給我一杯水、一張紙、一些幫助、一點因緣，我不覺得辛苦，我不感到為難，我不造成煩惱，我不為此後悔，當然我就樂

意接受「你給我」。

如果說，你替我介紹職業，你代我四處宣揚好話；你辛苦地爲我做事，你會爲我犧牲多少時間、浪費多少體力，如果這許多的心意、精神，造成你心裡的壓力，引起你內心的不歡喜，這「你給我」就是我的罪過。

同樣的，我給你，我也是要給得歡喜，給得甘願，給得不苦；只要不給得懊惱，當然我也應該可以給你。

但是現在的人不一樣了，你有錢，他要「你給我」；你有值錢的東西，他也不客氣的說「你給我」；甚至大言不慚的說「你的就是我的，我的還是我的」。其實，「你給我」，代表我貧窮；「我給你」，表示我富有。再說「君子不奪人之所好」，即使是人家有心給我，我也是「受之有愧」，何況是我強行索取，這就是不當之舉了。

數十年前，有一位法師到佛光山說，你把壽山寺給我；也有人到美國說，你把西來寺給我，這些都在佛光山成為笑談。

近聞新莊某寺重建而尚未落成，便有另外一寺的信徒先行前往說：你把寺院交給我們的禪師。後來該寺的禪師也親自駕臨說：「你把寺院交給我」。結果建寺的法師明確表明立場說：「我有師父，我飲水思源，應該認祖歸宗，所以不能給你。」因此索取未成，成為笑話。

由此可見，布施之意是鼓勵人要「我給你」，而不是叫人要「你給我」；「你給我」不能形成風氣，所以需要重新詮釋佛法，才能參透禪機。

自古中華文化講究守望相助，社區鄰里要相互照顧，不但自己對人應「不望益我」；凡有爲大眾，我當向前，造成社會一種尊重別人之風，人人都有「給人」的雅量。

所謂布施，佛教列爲六度之首，自有其原因。佛教講究喜捨，更提倡小小布施，不像今人，你已給我幾千幾萬，但是我覺得你給我台幣不夠，應該給我美金；你給我黃金不足，應該給我鑽石，養成社會一片貪婪之風，佛教徒實在不應促成此歪風之成長。一時心有所感，故而發抒爲文，也爲自己誡！

《人間福報》二〇〇一年五月三日

車速的快慢

高速公路上，省市縣道中，或者大街小巷裡，到處都有行車速限的規定；車速快慢，關係到行車的安全，所以大家都非常重視車輛的速度。

主管交通的單位，不但在特定的地方駐守警察人員，甚至用照相攝影測速，主要的都是爲了維護大眾的安全。所謂「十次車禍九次快」，車速不能不重視喔！

道路上，不管彎直、寬狹，或者平坦、顛簸，都有限速的標準。時速規定，必定是經過專家的測量，以提供給大家行車安全爲原則。

人生也如行車，在人生的道路上，我們能夠行走多遠？就看我們人

體這一部車輛是新是舊？馬力是大是小？車子的性能是好是壞？車速的行駛是快是慢？

一般道路上，車速快慢不同，有的車輛時速一百二十公里，有的時速只能六十公里；人生的路上，人體的這部汽車性能好壞，行駛快慢，也會因人而有所不同。有的人爲了追求功名富貴的目標，太性急了，難免會有拋錨的時候；有的人沿途瀏覽風光，行駛太慢了，或是別人的汽車性能比你好，他超前而行，你也要能認清自己的能力，不要一昧地去跟別人爭強好勝！

人生既如車輛，就要不斷地上路行駛，才能發揮它的最高效用。如果車輛一直停靠在車庫裡、路邊上，不去行駛，日久也會生鏽，車輛的動力就會減弱；如果只顧奔馳，不知保養，不懂愛惜，就如身體過分疲勞，也會有中途抛錨的時候。

車輛行駛除了講究速度的快慢以外，還要重視車輛的承載力。車輛超載固然不安全，但是裝載太少，也是浪費能源。因此，承載多少，既要顧及安全，也要避免浪費。吾人的一生，對於社會、家庭承載多少，也能看出每個人這部汽車的性能如何？

所謂車速，當快則快，當慢則慢；如果太快，是不遵守交通規則，太慢了，也是違規。所謂載重，超載固然違規，拒不載客也是浪費，所以美國的高速公路上，特別開闢一條三人以上高承載的車輛專用道，此即爲了維護行車的適當與中道。

車速的快慢，人生之道，盡在其中矣！

《人間福報》二〇〇一年五月四日

義工與志工

時代進步了，人類的心靈文明也跟著提升了！有的人化私爲公，有的人大公無私，有的人爲公奉獻，有的人公而忘私。所以，現在社會上蔚成一股風氣，許多人都主動地投身當義工，還有的人做志工。

同樣都是爲社會公共服務，所謂「義工」與「志工」，一字之差，此中的意義卻是大有不同！

古人尚義，例如：升斗小民對社會有貢獻者，稱爲義民；士林學者春風化雨，義務興學者，稱爲義教。軍人仗義，保國衛民，稱爲義軍；俠客行世，除暴安良，稱爲義俠；甚至劫富濟貧的小偷，也稱之爲義賊。

動物中，也有義犬、義牛、義馬、義鴿等。古人更有義井、義亭、義村、義田、義糧、義山等慈善福利設施；今人則以義診、義演、義唱、義賣等方法，協助社會公益事業的推展。總之，凡是能對社會人類有貢獻、利益者，都稱之爲「義」。

人，都希望要有「義」，希望自己做一個有情有義的人。過去忠臣孝子、義士俠客，都爲人所尊敬，所以很多人都發心當義警、義消、義僕、義母（愛心媽媽），希望以義來表達自己爲人的價值，所以當義工的人就趨之若鶩了。

現在的社會，固然有一些令人爭議之處，但從現在社會上的義工之多，看起來我大中華有了這許多尚義之人，國之精神，國之骨氣，所謂浩然正氣，足使我中華民族能夠傲然立足於二十一世紀，領導群倫，無有愧也！

然而，現在也有一些社團，不曰義工，而稱志工；一字之差，其意義實在相距很遠！因爲「志」之一字，有善有惡，偉大的人物固然立志；江洋大盜，爲害社會的敗類，也不能說他們無志。例如汪精衛先生說：「做人不能流芳百世，亦當遺臭萬年。」此即「志」之一字最好的解釋：立志流芳百世，也可以立志遺臭萬年！

「義」和「志」之不同，正如佛經所說，般若智慧和聰明知識之不同。因爲知識有善有惡，聰明也會被聰明誤，而般若智慧純是善良的。如世間的科學，即爲知識，有利有弊；而般若純是讓人圓滿、昇華，是純善、純淨而無染污的。因此，有「志」於什麼事，不一定是最好的事；有「義」於什麼事，那必定是好事。從常識上論斷，義與志之不同，不言而可以明矣！

《人間福報》二〇〇一年五月五日

死刑的因果

隨著自由民主思潮的風起雲湧，人權主義高張，現在普世舉凡崇尚自由民主的國家，都很重視人權。

其實，豈但人權重要，生權也很重要。所謂「一切眾生皆有佛性」，牛馬的責任，只在拉車負重，如果你讓牠們過分的負荷，也是不重視生權；蓄養雞鴨，即使是給人宰殺的，你也不能倒掛、倒提，讓牠們受苦。不知道現在提倡人權的衛道之士，可曾顧念及於所有眾生生存權利的維護？

更有甚者，有人爲了強調人權的重要，因此倡導特赦組織。「特赦」

之舉，對於許多的思想犯、政治犯，應該給予特赦，這是從事人道主義運動的人共同的希望。甚至，對於社會上許多爲非作歹、違法亂紀、擾亂社會安寧的人，也給予特赦，或以其他的刑罰來代替，以免除死刑，這也無可厚非。然而，對於一些殺人致死、傷害人命者，如果也只是爲了強調人權而給予特赦，這就有待商榷了。

所謂「人權」，就是在不侵犯他人生命的前提下，人人都有生存的權利。世間上，最寶貴者，就是生命！佛陀制戒，首重戒殺；人間最殘忍的，也就是殺生。所以，從刑法上來看，對於任何的罪刑，除非殺人致死的重刑犯之外，其他的罪刑都可以斟酌輕重，給予特赦，或者以代替役來受罰，例如，罰他勞役、罰他賠償、罰他關閉、罰他銬鐐，這些都還說得過去。但是，對於殺生害命，致人於死者，別人已因你的瞋恨惡行而失命了；失命者再也無法挽回，而殺人者如果不受被殺的因果，對於被害者的家屬而言，眞是情何以堪啊！因此，殺人者，若要給予特赦，因爲不合因果循環，實在是有再做考量的必要。

人間的道德，社會的秩序，都是靠法律來維護，讓每個人都能受到法律的保障，在互不侵犯之下，各得其所的生存。如果法律不公，自然會引起「不平則鳴」。而因果論更是法律中的法律，孫中山先生說：「佛法乃救世之仁，可以補法律之不足；法律防患於已然，而佛法可防患人民的犯罪於未然！」能防患於未然者，就是因果的觀念也！

所謂「種如是因，得如是果。」此乃亙古不變的定律，因此，殺人者若蒙特赦，如此殺人而能夠不被人所殺，此理可乎！

《人間福報》二〇〇一年五月六日

感恩之美

感恩是富裕的人生，受恩是表示貧乏。

我們做人，要感謝父母的恩惠，感謝國家的恩惠，感謝師長的恩惠，感謝大眾的恩惠；沒有父母養我、育我，沒有師長教我、愛我，沒有國家護我、供我，沒有大眾助我、益我，我何能存在於天地之間？所以，感恩不但是美德，感恩是一個人之所以爲人的條件！

今日的青年，自從來到世間，都是受父母的呵護，受師長的指導，對世間從未有所貢獻，可是牢騷、批評卻不斷，這裡不對，那裡不好，視恩義如草芥，只知仰承天地的甘露之恩，不知道回饋，足見現代年輕人內心的貧乏。

現代的中年人，不提國家對他的栽培，長官對他的提攜，或是自己的無能，自己尚未能發揮所長，貢獻於國家社會，反倒不滿現實，諸多委屈，好像別人都對他不起，憤憤不平。因此，在家庭裡，難以成為善良的家族；在社會上，難以成為稱職的人員。

一些功成名就的人士，取之於國家社會，得自於全民大眾的成就。但是當他富有了以後，一直聚斂，一直自我享受，不知奉獻回饋；當他福田庫中的財富用完以後，不知道他將來還能擁有什麼？

羔羊跪乳，烏鴉反哺，說明動物尚且感恩，何況我們萬物之靈的人類呢？我們從家庭到學校，從學校到社會，重要的是要有感恩之心。我們教導子弟，從小就要他知道所謂「一粥一飯，當思來處不易；一絲一縷，應知物力維艱。」目的就是要他懂得感恩。

我們從一座橋上走過，就應該想到造橋人的辛苦；我們在一棵大樹下乘涼，就要想到前人栽樹的辛勞。台南秋茂園的黃秋茂、日本松下電器的松下幸之助，他們都是從苦難中奮鬥有成，他們都在積極地回饋社會，他們所表現的，就是感恩之美。

我們在世間上，每日食衣住行的所需，我們所感受到行住坐臥的安樂，那一樣不是來自於別人、來自於社會？我們何德何能？如果不感恩圖報，不服務奉獻，欠下的恩情債務，將來何能償還？

佛光山在海內外各別分院設立滴水坊，目的就是要發揚「滴水之恩，湧泉以報」的美德。我雖不能大益於人間，至少我要懂得心存感恩；當我們能夠合掌面對世人，那就是感恩之美了！

《人間福報》二〇〇一年五月七日

日日是好日

有的人，搬家、結婚，要看日期；喪葬、修建，也要看時辰，甚至要看地理風水。

其實，日日是好日，處處是好地也！

世界上，一天當中，多少人結婚，也有多少人離婚；多少人慶賀，也有多少人祭悼，那一個時辰是好呢？是不好呢？

再看，同一條街上，一樣的方向，一樣的門户，有的人發財，有的人倒閉；有的人順利，有的人挫折，究竟他們的地理是哪裡出了毛病呢？所以，好時辰、好地理，不是在心外；只要心好，日日都好，處處

都好。

時辰也不是沒有好壞，地理也不是不可看！你要約人家開會，早上六、七點，要人家早起赴會，當然時辰不好。你要工作，要人家深更半夜一點、二點來工作，當然時辰不好。甚至於透過陰陽地理師百般挑選，看好了晚上五、六點安葬；日落黃昏，多少的親友送葬後，在昏暗的燈光下回到家裡，這個時辰怎麼會好呢？

看地理也不一定看方向、看前後、看左右；只要你覺得適中，覺得適可，就是好地理。例如佛教的行者，當他每天上殿拜佛、齋堂用餐，都不時地找好的地理。當他進殿門時，一眼就要看清楚，那個地方對他禮拜、讓他敲打法器最有利的地方，那就是最好的地理；進了齋堂，那一個位置能獲得行堂服務者早一點爲他添飯菜，他認爲那就是最好的地理。

一個家裡的客廳，供佛像、供祖先的地方，就是好風水；一個客廳裡，最大的主位，那就是好地理。一張辦公桌，擺在中間非常的氣派，那就是好地方。所謂地理，在虛空裡，都沒有一定的方位；虛空無相而無所不相，虛空那裡有方向？所以東南西北，都是我們自己所假定的；在我們假定的方位當中，你覺得那裡最好，那裡就是最好的地理，就是最好的風水。

所以，我們應該歌唱：世界之中，處處是好地；世紀之中，日日是好日。

《人間福報》二〇〇一年五月八日

未來學

佛光大學在西元二千年開辦招生的時候，設立了一所「未來學」研究所，這是非常創新的一門學問。

人，不但是研究過去的歷史、研究現在的社會和科學，而且眼光已經注意到未來，所以有未來學的學科。

未來學，是一個未知的學科。現代社會人間都不斷地在變化，未來是沒有發生的情況，要怎樣研究它呢？只有從人類過去的歷史經驗，以及現時生活的體驗，經過思想、科學，各種學科的尺牘，預設未來的世界會成爲什麼樣子，這就叫做未來學。

地球的未來，人類的未來；未來的戰爭，未來的經濟，未來的生物，未來的太空，舉世都在朝未來洞察、研究。可以說，舉世的學者都在奔向未來。

人類已經在預備未來占領太空，生物學家已經研究人類的生命，未來可以活到千歲以上。地理學家引導人類開發洪荒、沙漠之地；甚至有人希望未來能把洪水化成石油，能將黑人基因改變成爲黃種人、白種人。

未來的世界，可以搭乘火箭，直達月球、火星、木星。未來的世界，空氣可以當飽，樹葉可以充飢。未來的世界，石頭磚塊經過科學的冶煉，可以成爲麵包，木材也可以製成肉鬆。未來的世界，人類每日只要一餐，就可以活命；睡在床上，就可以搖控指揮世界。

我們不要以爲這是匪夷所思，現在的網路、傳眞、E-mail，資訊已經改變了人類的生活，縮短了人類空間的距離；基因的發現，生命的密碼，更是成爲討論的熱門話題。

其實，在《阿彌陀經》裡早已說明，極樂淨土是黃金鋪地，流水有冷有熱；共命鳥的啼叫和流水的聲音，都是眞理的法音。在極樂世界裡，沒有交通事故，沒有男女欲染，人類都是自由飛行，眼看意想，都有悅樂；所謂隨心所取，隨意所需，佛教早已把未來的世界規劃得非常美好了。

所以，未來的世界裡，「愛麗絲夢遊記」不再只是一個童話故事，而是可以成爲眞實的世界。我們只希望未來的文明，能讓大家和平共有，同體共生；能讓大家和平尊重，公正生活。

未來是美麗的；未來學是值得推廣的一門學科。

《人間福報》二〇〇一年五月九日

有容乃大

一只茶杯，只能裝五百CC的水；一個木桶，卻能裝二十公升的水。五坪的房間，只能容一個人居住；百坪的大堂，可容千人聚會。山洞，只合於躲藏；天地，則包容萬物！所以，有容乃大，實在是古今不易之理。

有人說，宰相肚裡能撐船，意謂著做大事的人，必須要有大的肚量；古德說，佛陀的心量好比天地，萬物在天地裡，無不受其包容！所以，肚量有多大，事業就有多大；事業有多大，器量必然有多大，這是自然的結果。

孔子周遊列國，居無定處，卻能擁有三千弟子；佛陀行腳弘化五印度，講經時卻有百萬人天，經常跟隨者也有千二百五十人之多。漢高祖楚漢之爭時，多少死忠之士效命於他；唐太宗能容諫臣，因此成就「貞觀之治」。武則天看了駱賓王的「爲徐敬業討武曌檄」，不但不生氣，反而說：「如此人才不用，眞是宰相之過」，所以她能成爲一代女皇。

慈禧不能包容新政，所以導致亡國；袁世凱不能包容民國，所以他才稱帝失敗。孫中山包容多少異議人士，最後被尊爲「國父」；美國的華盛頓、傑弗遜、林肯，他們民主、包容，所以能成爲偉大的政治家。

包容並非姑息養奸，諸葛亮雖然包容各方人才，但他爲了執法，也

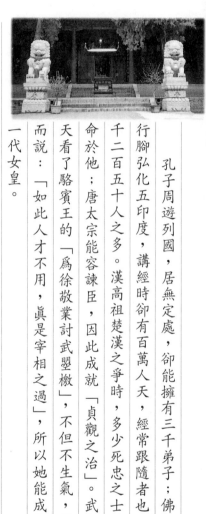

不得不忍痛「揮淚斬馬謖」；張廷玉是康熙、雍正的重臣，親弟弟被綁付刑場，他也不置一詞，他不是無情，實因其弟出賣考題，貪污舞弊，因此法律之前，不容循私。

經云：「一花一世界，一葉一如來。」在沙石中可以見到三千大千世界；萬物都能相互包容，我人對於不同的民族、不同的國家、不同的宗教、不同的身分，爲什麼不能相互包容呢？

耶穌說：「愛你的仇敵」，佛陀鼓勵人要「怨親平等」；泰山不辭土壤，所以才能成其高，大海不撿細流，所以才能成其大。吾人做人處事，要不念舊惡、不計前嫌、不妒人有、不瞋人好；心量大的人，做事自然會得到人助，自然能成其大業。因爲「有容乃大」，睽之古今人事，誠乃不虛之論也。

《人間福報》二〇〇一年五月十日

面對問題

人生有很多問題，有的人逃避問題，有的人面對問題。

人生有什麼問題呢？從個人來講，有求學的問題、交友的問題、婚姻的問題、職業的問題、健康的問題、經濟的問題，甚至老病死的問題。

在家族來講，有養家的問題、孝順父母的問題、遠親近鄰的問題、社區服務的問題。

就社會而論，有公共角色的問題、義務權利的問題、參與人群的問題、愛國忠黨的問題。

問題是躲不了的，你有了問題，就要面對問題，就要想方法解決問題。解決問題的方法：

第一、要誠實信用。做人要誠實守信，遇事更應該講清楚、說明白，欺瞞矇騙無法解決問題；「狼來了」只會壞了事情，而不能解決問題。

第二、要親切和善。解決問題，一定是與人有關。人與人之間，必須要親切和善，問題才容易解決；橫眉豎眼，板著面孔，惡劣的態度，或者官僚氣勢等，只有增加問題的難度，不容易解決問題。

第三、要為人設想。設身處地為人著想，這是解決問題的要件。解決問題是雙向的、是彼此的，如果你不能替對方解決問題，他就不能幫你解決問題。所以解決問題不能只站在自己的立場；各說各話，只有增加問題的複雜性，而不能單純地解決問題。

第四、要自我吃虧。學習吃虧，這是最偉大的聰明人；所謂「要成功必須忍耐，爲求全必須委屈」，一個人只要肯自我吃虧，就能解決問題。

當一個人具備了誠實信用、親切和善、爲人著想、自我吃虧等解決問題的基本條件後，當你求職的時候，爲人信用誠懇，還怕沒有人用你嗎？你交友的時候，待人親切友愛，還怕沒有人跟你友好嗎？當別人有經濟上的欠缺、能力上的不足、身體上的限制、因緣條件上的不具備，你能設身處地爲人著想，主動幫助他，還怕別人不能接受你的好意嗎？我們在家庭裡，雖是父母、兄弟姊妹一家人，也應該學習自我吃虧，甚至在社會上，朋友、同事之間都能學習吃虧，自會得到多助。

所以，面對問題，只要你自己有誠意解決，問題自能迎刃而解。

《人間福報》二〇〇一年五月十一日

心靈的畫師

「心如工畫師，能畫種種物！」一個藝術家在紙上畫一幅畫，畫山像山，畫水似水；畫花如花，畫草即草。人生的善惡美醜，在畫家的筆下，都能隨心所欲地表現出來，所以吾人的心靈，就像是一個工於繪畫的藝術家，可以畫種種的現象。

世間上有沒有萬能的人，我們不能妄下論斷；但是，世間上有萬能的心，這是可以確切肯定的。我們居住在陋室之中，可是心能馳騁於萬里之外；我們行走在道路之上，可是心能上達天堂，入於地獄。

我們的心，一心可以擁有十法界，十法界中，有四聖六凡。四種聖人之道即：佛、菩薩、緣覺、聲聞；六種凡夫之途是：天、人、阿修羅、畜生、餓鬼、地獄。

我們的心，每天往來遊走在十法界眾生之中，時而佛心、菩薩心，時而畜生、餓鬼的心，所以每一法界都擁有「十法界」，每一法界又有「十如是」，這就是《法華經》裡所說的「百界千如」，這是非常高深的哲理，也就是說明心的畫師種種奇妙的作用。

我們的心就像藝術家，世界美麗的風光，我們可以把它畫得非常的逼眞；都市中陰暗的陋巷，我們也可以把它畫成眞實的一樣。甚至我們的心又像一個雕塑家，可以雕塑出天使、女神等不朽的藝術作品，但也可以雕成魔鬼小丑，令人憎厭。我們的心又像一個音樂家，可以唱出清脆動聽的歌聲，也可以唱出淒涼悲哀的聲調；我們的心，也像是一個工程師，可以建築華屋廣廈，但也可以建成茅房陋居。心是萬能的，心中的宇宙可以隨意變化，爲什麼我們不好好地用它來做一些善美的事呢？

總之，我們的心如工畫師，能畫種種物，所以一個人每天的舉心動念，都要存正、存誠，都要有道、有德，千萬不要把心放弛不管。心能帶我們上天堂，心也能帶我們下地獄，我們平常總希望別人來聽我們的話，其實重要的是，我們要讓自己的心來聽我們的話。我們能夠掌握自己的心，把心規劃成是佛、是菩薩，則我們自能隨心放曠，任意逍遙，那麼解脱自在的自我不就當下可得了嗎？

《人間福報》二〇〇一年五月十二日

工作信條

現代的社會，都流行著做人的格言和處世的座右銘；但做事時，更需要有工作信條。

有的人以誠實做爲工作的信條，有的人以勤奮做爲工作的信條，還有以服務、犧牲、親切、熱誠，做爲工作的信條。佛光山的工作信條，最爲現代人所欣賞。

簡單說，佛光山的工作信條，就是一個

字——「給」。不要小看這一個「給」字，它實在有很大的威力。將一點水分、肥料給花草樹木，花草樹木就會長得更加青翠芬芳；給一些種子播撒在泥土中，它就會生長出許許多多的果實。給人一些慈悲，給人一些佛法，都有意想不到的效果。

佛光山的工作信條，是給人什麼呢？

一、給人信心：《信心門》之歌說：「世間的財富，要用信心的手去取；遼闊的江海，要用信心的船來渡。豐碩的果實，要用信心的根生長；無盡的寶藏，要從信心的門進入。」做人，對國家要有信心，對前

途要有信心，對佛教要有信心，對自己要有信心；因爲有信心，就有力量。

二、給人歡喜：做人不能給人煩惱、給人傷害、給人難堪，要給人歡喜，要把歡喜布滿人間。說話，要說給人歡喜的話，做事，要做給人歡喜的事；給人問好，給人笑容，給人體貼，給人照顧，都是給人歡喜。世間上，再沒有比歡喜更寶貴的東西了。錢多了，給人會有副作用；東西太多，給人沒有地方存放；而把歡喜給人，永遠不怕多。

三、給人希望：人生在世間，最需要的就是有希望；希望有明天，希望會更好，希望能有所得，希望能順利、吉祥、平安。所以，在人頹唐的時候，要給他鼓勵；在人失意的時候，要給他安慰；在人消沉的時候，要給他力量。在任何時刻，都應該給人希望。

四、給人方便：與人合作共事，不要為難別人，不要推三阻四；要給人一些因緣、給人一些方便，要幫人解決一些困難，多一些服務給人。例如，在暗夜的地方，點亮一盞明燈；逢到乾旱的時候，在路邊施一壺茶水；陰雨的時候，在公共地方布施一些雨傘，在曠野之中建設一些涼亭等，這都是給人一些方便。

工作的信條很多，假如能做到：給人信心、給人歡喜、給人希望、給人方便，收穫的不只是別人，自己也能得到很大的利益喔！

《人間福報》二〇〇一年五月十三日

慎言的重要

人生，有人喜歡饒舌，但也有人習慣於慎言。饒舌的人常常會吃虧；慎言的人，比較不容易受到傷害。

語言，有嘮叨，有危言，有狡辯，有貧嘴，有妄言，有綺語，有惡口，有胡說，有冷語，有爭議。語言容易犯的毛病何其多，所以不得不慎言。

有人把語言形容成刀劍一樣，因此愈顯得慎言的重要。孔子是一個非常慎言的人，他待人誠懇恭謙，看起來好像不擅言辭，但在公開場合裡，他說話又非常地能言善辯。所以，孔子一直在陳說一個道理：「言忠信，行篤敬，雖蠻貊之邦，行矣！言不忠信，行不篤敬，雖州里行乎哉！」

說話有理就能走遍天下，就能到處通行無礙；如果說話無理，即使是在家鄉本土，也是寸步難行。

范睢在衛國見到秦王，儘管秦王求教再三，他都沈默不語；諸葛亮在荊州，劉琦也是多所請教，諸葛亮同樣再三不肯說。最後到了偏僻的一座閣樓上，去了樓梯，范睢和諸葛亮才分別對秦王和劉琦指示今後方向，所以歷史上

的「去梯言」，就表示愼言的意思。

現代的人喜歡信口雌黃，好談論是非，說三道四，大放厥辭，謬發議論，有時候危言聳聽、標新立異、故弄玄虛、輕口薄言、冷語冰人；說話如劍，到處製造口業，所以讓人感到世間上，唯啞吧是最愼言的人，也是最不造作口業的人。

東晉時代的王獻之，一日偕同二個哥哥王徽之、王操之，一起去拜訪東晉當代名人謝安。徽之、操之二人放言高論，目空四海，唯獻之三言二語，不肯多說。三人告辭以後，有人問謝安，王家三兄弟誰優誰劣？謝安淡淡說道：愼言最好！

現在政府的官員裡面，誰會做官，誰不會做官？當然要從多方面去考察，但是眞正會做官的人，必定愼言！像西元二千年台灣總統選舉

時，有些總統候選人的幕僚人員都出來振振有辭，說東道西，因爲他們不愼言，反而害了他們的主子。

在佛教裡，禪門的大師們常常是一言不發，如維摩居士在不二法門的辯論會上，他不發一言，使文殊菩薩大爲折服，稱讚老維摩是「一默一聲雷」，這才是眞正會說話的人。佛陀說法四十九年，但佛陀卻自謙地說：「我沒有說過一個字」！

類似愼言如此，「沈默是金」，誠信然也！

《人間福報》二〇〇一年五月十四日

放下與拿開

有人說，心上有一塊石頭，你可以把它拿開，不拿開，壓力太重了！有人說，面前有一塊石頭，你要把它搬走，不搬走，不好向前！有人說，院子裡有一塊石頭，你要把它放好，不放好，不好看！

心上的石頭是什麼？憂愁、苦惱、悲傷、怨恨、煩悶、罣礙；尤其一股委屈之氣，比石頭更加嚴重！不把這許多東西放下，心上壓力太重了，日子實在不好過！

有時候，一個人成爲我們心上的石頭，有時候，一件事成爲我們心上的石頭；金錢、房屋、土地、物品，都會成爲我們心上的石頭。石頭

不放下，日子總是不好過。

想想我們一個人，也眞是很有承擔力，心上的煩惱就不知道有幾千幾萬斤重！還有人情、經濟、生活的壓力，都不容易承受，尤其是非人我、得失好壞，這許多的石頭，一直壓在心上，難怪現代人都要學習紓解壓力，就是要想放下心上的一塊石頭。

豈但是心上的石頭難以放下，面前的石頭更是難以搬開。什麼是面前的石頭呢？公家的一個政策、團體的一個計劃、他人批評的一句言論、不同人事的一個主張，甚至紛至沓來的指責、批評、教訓、毀謗，都是不容易拿開的石頭喔！

心內的石頭、心外的石頭，一定要靠自己拿開，靠別人幫忙是不可能的。別人的勸解、安慰、鼓勵，也只是一時的，別人今天幫你挪開了心上的石頭，你明天、後日，還是會再有新的石頭堆積起來。

新的石頭有時候不是別人搬來的，而是自己找來的。所以，無論是放下石頭，還是拿開石頭，最重要的是「解鈴還須繫鈴人」，最好是學習佛法，用戒定慧搬開你心上的石頭，用八正道化解你心上的石頭。如果是心外、面前的石頭，你可以用智慧、慈悲、結緣，改變外在的石頭；外在的石頭獲得了你自我的改變，那麼石頭也就不成其爲石頭了！

佛說「放下，就會自在」；能夠照見五蘊皆空，當然就會度一切苦厄，當然就能自在了！

《人間福報》二〇〇一年五月十五日

朋友的種類

人生得一知音，死而無憾！可見朋友的重要。

但是，朋友也有好多種類，有忠友、難友、信友、諍友，還有摯友、善友、密友、畏友。另外，互相以學問切磋的，稱爲學友；在道上相互提攜勉勵的，稱爲道友；經常受其指教助益的，稱爲益友。也有的是共同參加集會的，可以稱爲會友；共同結派成黨的，叫做黨友。

朋友要肯指正錯誤、患難與共，才是眞正的朋友。但是，世間上也有的人交友反受其累，比方說損友、惡友、利友，這些酒肉之交、狐群狗黨，有時趨炎附勢，有時攀龍附鳳，見利忘義，就如《孛經》說的

「有友如華」：當你得意的時候，他把你戴在頭上；當你失敗的時候，他就棄你如敝屣。

朋友的種類，形形色色，不勝枚舉。也有的朋友如蠅逐臭、如蟻附羶，所謂利害相交，吃喝玩樂，這就不能成爲義友、好友了。也有的朋友，一生蒙受其益，靠友成功。這種朋友如兄如弟，彼此肝膽相照、推心置腹，遇事開誠布公，坦誠以對，這種朋友相交一生，彼此互助。

人的一生，在二十歲以前比較容易得到患難至交；三十歲以後，因爲相互猜忌、利害衝突，因此難以結交到生死不易的朋友。

古人交友，所謂「君子之交淡如水，小人之交甜如蜜」；其實，淡如水不見得是好，甜如蜜也不一定不好。朋友之交，重要的是相互了解、相互幫助、相互切磋、相互原諒。所謂「友直、友諒、友多聞」；

如果交到一個朋友，錙銖必較、重利輕義，則友誼必定不能長久。

有人說，朋友是「物以類聚」，但世間上也有例外，如貓和狗為友、鼠和貓為友、獅和虎為友、烏和鵲為友，可見不同的種類也能成為朋友。

三國時代的劉備，對朋友的看重更甚於妻子。他曾說：朋友如手足，妻子如衣服；衣服破可以補，手足斷不能合。可見其對朋友的重視。

朋友，最好不要共金錢往來，彼此只在道義上結交、在知識上結交。朋友必須要有共識，才能深交；然而對於思想不同的人，只要其德可取，也應該異中求同。尤其，與朋友交，一開始就要想到自我吃虧，不要凡事只想占對方的便宜，如此相交，友誼才能永固。

《人間福報》二〇〇一年五月十六日

搶功

自古以來，世界上發生了多少的戰爭，也成就了多少的將帥人才。

在這些時勢造英雄的人物當中，有許多爭功希寵的人，歷史書上的記載，眞是昭昭在人耳目！即使是到了現代，軍事上謊報軍情，爭功造勢的人，仍然多不勝數！

現在的民主時代，所有民選首長，任期都只有數年而已。經常聽到有人說：這條路是某某市長建的、那座橋是某某縣長造的，以此向選民邀功，以表其功在全民。

其實，一將功成萬骨枯，一條路、一座橋，國家多少的資源、人民多少的辛苦，哪裡是首長個人的作爲？

曹操兵敗赤壁，張飛擄獲了多少的車輛馬匹，趙子龍也攔截了多少的俘虜，關雲長卻說：我一點戰功也沒有，反而放走了曹孟德。

但是，在劉玄德的心目當中，建立第一戰功的人，不是張飛，也不是趙子龍，而是關雲長，因爲他代替劉備和自己報答了當年受曹操收留的情義，今後可以不必再顧忌人情，正可好好放手一搏，所以劉玄德認爲眞正有功的人，是關雲長。可見眞正的功，不但要實在，有時施恩於人，也是戰功。

台灣九二一大地震，民間爭著救災，但是也爭著搶功。尤其，有一些慈善團體，當別人在忙著救濟，他卻在一旁忙著懸掛橫標供記者照相；當別人在那裡忙著搶救傷患，他也在一旁忙著記錄，當成是他們所做！

例如，有聞一些宗教團體，到災區大量烹煮飯菜，但是另一個宗教團體卻以他們的碗盤盛裝熱食，供給災民食用；結果大家一再感謝眼前施飯施粥的人，卻不知道後面眞正供應飯菜的人是誰？搶功盛行，連在宗教團體裡，也有如此作風，令人不勝噓唏！同時也不免感慨：世間眞相，眞難料矣！

現在是個功利社會，爭功爭勝，總是難免。不過也要能做到「不必爭人之光榮，不必搶人之功勞」，這是做人的基本修養。

總之，穿起制服，在災區走動的，未必有苦勞貢獻；照相拍電視，用別人救濟品豎立自己的布條，僞善造假，失去爲善的意義。

宗教負有改善社會之責，去假存眞，曷信乎來！

《人間福報》二〇〇一年五月十七日

人生山水畫

人生像什麼？人生就像一幅山水畫！

所謂山水畫，有濃淡、深淺、遠近、高低、起伏、明暗等種種的色調與伏筆；透過色彩濃淡的鋪陳，才能顯得出山水畫的意境：有時千山萬水，層巒疊翠；有時風強雨急，枯枝敗葉，這不都像是人生的寫照嗎？

一幅山水畫：春暖花開，萬紫千紅；畫中鳥語花香，鶯飛草長的美感，躍然紙上。讓人看了這一幅山水畫，意氣飛揚，歡欣鼓舞，這樣的人生，美不勝收！

但也有的山水畫，景致疏淡，荒煙蔓草，小屋炊煙，雞鴨數隻，顯得家貧無物。好一幕平淡蕭颯的景象，這也意味著一些升斗小民，村夫百姓，不勝負荷的人生。

有的山水畫裡：懸崖絕壁，千山萬壑，山峰高聳，插入雲霄，猶如人生身居高位，達於顛峰，卻又不免令人興起高處不勝寒的唏嘘！也有的山水畫裡，峭壁小徑，前途無路，就好像人生的艱辛，找不到出路。

有時，山光雲影，水天一色，雲淡風輕，碧波萬頃，浩浩蕩蕩，又感到人生的前途遠大，還是可以奮發飛揚，勇往前進。

有的時候，山水畫裡，枝葉扶疏，茅屋數椽，老圃黃花，秋山紅葉，又像隱士，逍遙自在地安度人生！

有的山水畫，環山抱水，波光粼粼，金碧耀眼，就像是浮宦世家，豪門貴府，好一幅氣象萬千，氣勢磅礴的豪邁景象。

人生，有的人生來一路順暢，就像色彩鮮明的山水畫；也有的人生不逢時，一生當中，這裡挫折，那裡阻撓，就像山水畫裡的「山窮水盡」。但是，有的人雖然遇到橫逆阻絕，但卻越發激勵鬥志，他相信人生會有「柳暗花明」的時候，所以山水畫裡，雖是高山峻嶺，坎坷崎嶇，他也能翻越飛騰，勇猛前進。

人生，生活在山水之間，有的時候感到水送山迎，天地有情；有時候高山阻斷去路，水波茫茫，不知前途何去何從？

一幅山水畫，是藝術家的傑作！畫中的布局，是近是遠？是山是水？是曲折是平直？都在於我們自己的執筆。我們如何來彩繪我們人生的山水畫呢？就看各人的人生取向而定了！

《人間福報》二〇〇一年五月十八日

流行文化

人都喜歡追趕時髦，喜歡隨著流行的風潮走；因爲現代人心中只知追求外在的時尚生活，都是一窩蜂地跟隨流行，很少去思考是非得失，所以大都缺乏思考的能力，即使是依照行事，跟隨流行，但總讓人覺得庸俗、膚淺。

一條牛仔褲，風靡了全世界的男女青少年；一支手提電話，成爲現在每一個人的隨身配備。不能得到，有人用偷，有人用搶；好像不穿牛仔

褲，就失去了現代人的姿態，不用手提電話，就失去了他的身分一樣。

法國的時裝專家，爲了全世界的貴族婦女，絞盡腦汁，不斷地推陳出新，製造各種流行的服裝。各國的汽車製造業者，爲了迎合年輕人的追求新奇、追求速度感，也在別出心裁，不斷地推出各種款式新穎的拉風跑車。然而，高速公路上，因此造成了多少的車禍，甚至多少人因此成了車輪下的遊魂！

現在的社會，還流行健康食品、瘦身減肥、水療治病。甚至不少年輕人迷上網路交友、網上購物、電子郵件、個人網頁等，也有人以收集凱蒂貓、皮卡丘、趴趴熊等玩偶爲時髦。

現代人追求時髦，並非不可，但是如果忘記了正當的目的，失去了自我的特色，只是一昧地追逐流行，就不是一件好事了。

我們看，古代的聖賢君子，他們不肯媚俗，不肯隨世浮沉，只一心一意地充實自我，表現自我的特色，最後反能留名青史。例如，姜太公垂釣於渭水，他不去攀附權貴，最後爲文王發現，成爲最早的政治家；諸葛亮高臥隆中，不求聞達於諸侯，最後仍受劉備的「三顧茅廬」，而於隆中爲劉備奠定了「三國鼎立」的局勢。

也有很多的文人舉子，他們受佛教思想的熏習，不尚物欲，不受世累，像蘇東坡貶官海南島，他仍能怡然自適；像陶淵明不爲五斗米折腰，毅然辭官，享受田園之樂。這都是不隨世浮沉，不隨俗流行的最好模範。

流行文化，這是現代社會的產物，是現代人心的崇尚。但是，一個規矩的人，要先務本，本立則道生，何必要跟隨膚淺的人去逐流行呢？

《人間福報》二〇〇一年五月十九日

最好的選擇

世間上的事，有的可以選擇，有的由不得你選擇。例如，父母，你沒有辦法選擇；兄弟姊妹，你也沒有辦法選擇。生而是男是女，不是你能選擇的；容貌的美醜，身材的高矮，也由不得你作選擇。

你能選擇的，是後天的人生前途。你可以選擇慈善的人生，你也可以選擇作惡的人生；你可以選擇積極的人生，你也可以選擇消極的人生；你可以選擇利人的人生，你也可以選擇自私的人生；你可以選擇知識的人生，你也可以選擇愚昧的人生。以上這些，都是你可以選擇的！

不過，有時候雖然有心向上、向前、向好，但由不得你自己，事與願違。你有心爲善，但力不從心；你有心向上，但沒有餘力。當然，有許多的罪業，也並不是大家有心違反；例如牢獄裡的罪犯，也不是自己有心要闖進去的。有的人，因爲意志不堅，被不好的因緣所牽引；有的人，智慧不夠，是非認識不清，因而誤入歧途。所以，有一些事情實在是由不得你的選擇。

例如，貧富之間，你當然希望選擇榮華富貴，不喜歡選擇貧窮下賤，但有時候因爲過去的業力因緣，也由不得你決定；有時候富商巨賈，一呼百諾，你當然希望人生如此，而不希望選擇失業貧窮的人生，但有時候時勢因緣，也由不得你呀！

有的人，風度翩翩、莊嚴美貌、聰明才智、大方靈巧，你也想，若能擁有這些，多好！這一切好像也都是由命運注定的，由不得你想要就有。

有的人，要聰明，未必有聰明；要愛情，未必有愛情，要金錢，未必能發財；想要一點因緣，偏偏就少了因緣。現在的不能如我所願，這都是由於過去往昔的因緣不具備，但是對未來的因緣，只要我現在播種、結緣、造作，我就可以選擇我未來人生的需要！

我現在可以選擇有道德的人生，可以選擇有慈悲的人生，可以選擇服務的人生，可以選擇奉獻的人生。信仰、勤儉、施捨、知足、精勤、慚愧等，都是我的選擇；你有了這許多的選擇，雖然一時不能全都如願，但是一旦因緣際會，你又何愁你的選擇不能稱心滿意呢？

《人間福報》二〇〇一年五月二十日

養生與養性

中國的士大夫非常重視養生，不但注重養生，而且注重養性。

說到養生，平常要進補。此外，有的要休假，有的要旅行，有的重視康樂活動，有的甚至退休，都是爲了養生。其實，現代人養生，可以運動，可以勞作，可以注意飲食，可以和大自然結合在一起。

在佛教裡，也提到養生。養生之道，生

活作息要有時，每日飲食要節制，朝夕作息要正常；時時心中要有正念、正思惟，減少欲望，少貪少瞋，少嫉少惱，這都是養生之道。當然，也有人用禮拜、用禪坐、用經行，乃至用蒔花植草、出坡作務，做為養生之道。

養生之外，還要養性、養心；心性是人體所依的根本，你不把心性養正、養善、養好，根本不立，所謂「皮之不存，毛將焉附」？所以，人生修養心性，在儒家講「吾善養浩然正氣」；在佛教講，豈但養生、養性，最主要的，是要明心見性。而在未達到明心見性之前，心性要柔和，心性要廣大，心性要安然，心性要平和！如果心性閉塞，心性強硬，心性執著，心性迷闇，如此要想明心見性，可就難矣也！

吾人的心性如水，水明如鏡、水淨如天；但因無明業風，使心性之水掀起了滔天波浪，所以修心養性，就是要把心性導之於溝、導之於渠、導之於平，否則容易氾濫成災。

吾人的心性如水，水性下流；人，學壞很容易，學好，則如水往上流，十分艱難，所以說「學如逆水行舟，不進則退」。

養生是爲了健康，養性是爲了完成人格。但是，養生不是爲了強壯身體，好勇鬥狠；修養心性也不是自我閉塞，不管國家大事。所以，一個人平常不重視自己的修養，不能養成志願、養成勇氣、養成力量、養成明理，則很容易就會成爲下流。

自古以來，多少學問家，都希望以教育來養生、養性；許多的宗教家，也都以自我克制、擴大愛人，以表達自己養性的功夫。

廬山慧遠，三十年足不出廬山，以養性的功夫受人尊敬；達摩祖師九年面壁，也是修心養性，先用禪定養成克己的功夫。佛陀的弟子，隨佛出家後，各自在山林水邊，崖穴洞窟，修煉養性的功夫；中國的禪者，像雪竇禪師等人，在古寺叢林裡陸沉多年，總希望能把養性的功夫做好，將來龍天推出，可以福利大眾，普利人天。

養生，是形可立；養性，是心完成。有形有神，形神具全，還怕自己不能成就完美的人生嗎？

《人間福報》二〇〇一年五月二十一日

教育的愛與嚴

教育應有無限的方便！有的老師以嚴格爲教育的手段，有的老師以慈愛作爲教育的方便。

佛教，就是教育。當你初進寺院的大門，一尊笑口常開的彌勒佛，會以笑容愛心來迎接你；當你進入山門，有一位手執金剛降魔杵的韋馱天將，可能也會以嚴肅的面孔爲力來折服你。其實，眞正進入了寺院的中心，大雄寶殿裡的佛菩薩，有愛的鼓勵，也有力的折服；恩威並濟、寬嚴並施，這就是中道的教育了。

在一個家庭裡，父親教育子女，大都採取嚴厲的手段，而母親則是

以慈愛爲鼓勵。光是嚴厲的責備，兒女不服；光是愛的鼓勵，兒女不怕。所以，眞正的教育，有時要以力的折服，有時也要有愛的撫慰。正如《禪林寶訓》說：「煦之嫗之，春夏之所以成長也；霜之雪之，秋冬之所以成熟也！」

我國的社會，從事教育工作的老師，往往忽略了教育要雙管齊下；愛和力，嚴與慈，失之以偏，因此不能收到預期的效果。

在佛教裡，喜以捉弄人爲樂的羅睺羅，在佛陀嚴與愛的攝受下，終於成爲十大弟子中的密行第一；優婆離因其爲首陀羅出身，自卑感重，經過佛陀給予許多的慈愛鼓勵，終於成爲持戒第一的弟子。爲佛陀殉難的目犍連，佛陀不僅對他關照有加，甚至連他的母親，佛陀都慈愛的關懷，給予濟度；阿難尊者幾十年的侍者生涯，佛陀的教導、愛護，因此成其爲多聞第一的弟子。

在禪堂裡，出了一個小偷，禪者大眾請堂主依戒規加以遷單驅逐。堂主點頭示意說好，但卻一直沒有採取行動。過了一段時日，小偷又再繼續偷盜，竊取他物，大眾禪者，又再向堂主訴願，請堂主立即將其開除。堂主一樣示意說好，但是仍然沒有行動，而小偷也依舊惡習難改，又再重施故技。大眾終於群起抗議，聲言如果不將小偷遷單，大眾將集

體離開。堂主和言悅色地告訴大眾：「你們大家想要離開的，儘可以離開，但是你們指責的小偷不能離開。」俄頃，堂主又說：「你們各位都是健全的人，你們離開了，不管走到那裡，都可以安身立命；但是此一小偷，他心志不全，如果連禪堂都不能接受他，社會如何能容納他呢？」禪者大眾聞言，皆受感動；小偷也心生悔悟，從此改過自新，成爲一個眞正的禪者。

堂主的作風，正是嚴與愛的最佳教育！

《人間福報》二〇〇一年五月二十二日

進退之間

學開汽車，只知前進，不是高手；要會倒車，才更高明。學開輪船，不能一直前行；有時轉彎、倒退，更爲重要。

做人，不是一意地猛衝，走向前去；所謂進退之間，是人生應有的修養哲學。

你只知道向前，碰壁的時候，你怎麼辦呢？你只知道退後，後面有個懸崖、陷坑，你怎麼辦呢？所以，做人要當進則進，當退則退；進退如儀，才是合理的人生。

我們鼓勵一個人，要勇猛地向前，但是我們也要知道，人生的前面只有半個世界，你回過頭來，後面還有半個世界，所以不必認爲前進一定是好的，也不要認爲後退就一定不好。

人的一生，應該要能進能退，進退自如。一場戰爭，勝利的時候，衝鋒陷陣，勇往向前，固然重要；敗軍之際，周折迂迴，轉進後退，如果沒有大將之風，不擅指揮，則後果不堪設想。所以，勝戰易打，敗退艱難；因此，人要能擅於前進，也要能懂得後退。

語云：大丈夫達則兼善天下，不達則獨善其身。不能向前的時候，你硬是向前，則前途多乖，前途危險；不應該後退的時候你一直後退，退到無路可退的時候，你又怎麼辦呢？所以，《百喻經》中「不退一步」的譬喻，實在可以做爲我們在進退之間，重新估定一個立場。

向前進，是吾人的責任；往後退，也是吾人的責任。破冰之旅，冒險前進，而你不進，則何能到達目標呢？要你退守最後防線，以保安全，而你不退，則又如何善後呢？

所以，進退之間，就是要吾人在社會上，不管任何時候，都要能進能退。我們在功名富貴場中，要「能進則進，能退則退」；我們在朋友、感情、金錢之中，也要「當進則進，當退則退」；甚至在親族、父母、人事之中，也要能「應進則進，應退則退」。

一部機器性能好的時候，就能進退自如；一個人能夠通情達理，自然也會進退有序。進退之間，你是不是都能把握得宜呢？

《人間福報》二〇〇一年五月二十三日

失敗的原因

《佛光菜根譚》說：「有苦有樂的人生是充實的，有得有失的人生是公平的，有生有死的人生是自然的，有成有敗的人生是合理的。」

人的一生，成敗不定；成的時候慶賀歡喜，敗的時候自怨自艾。其實，成敗的關節，應該都是有因可循的。

失敗的原因很多。有的人說，驕者必敗，歷史上氣蓋山河的楚霸王，不就是因爲驕橫而失敗的嗎？有人說私欲必敗，王莽篡位，曹操竊國，雖然得逞一時，最後都難免受到史筆的誅伐。

一個國家的領導人，如果沒有以國爲國，以民爲民，只圖一己之私利，最後也都難免亡國以終。例如：昏庸無能的後漢獻帝、桓帝，西蜀的劉禪；再如荒淫無度的商朝紂王、隋朝煬帝等，不都是最好的明證嗎？

有的人不擅領導，如崇禎皇帝至死仍說「朕非亡國之君，臣乃亡國之臣」，他就是沒有反省自己的領導無方、用人不當；有的政策錯誤，如梁武帝的「時而佛教，時而道士；時而出家，時而做皇帝」，這都是他們失敗的原因。

綜觀國際的歷史，美國華盛頓立國無私，所以後來付之於民主，成爲美國開國之父；反之，尼克森因「水門案」而丟失了總統的寶座，可見歷史上的領導人，凡得罪於民，或貪污舞弊，就需要下台。

法國的拿破崙，雖然雄心萬丈，想要征服歐洲，最後卻慘遭「滑鐵盧」之敗，可見好勇急進，必定不能成功。

唐朝的楊國忠，擅長迎合上意，吹牛拍馬，導致「安史之亂」；明朝的魏忠賢，陰狠狡黠，玩弄權勢，引來「東林黨爭」，可見國有小人，豈能不滅？

阿富汗、克什米爾一帶的絲路佛教藝術，數度遭受異教徒的破壞，佛教因爲太過自我和平，致使無力護教，可見和平也是要有實力，沒有大勇大雄力，失去降魔的精神，就無法獲致和平的勝利。

一個能幹的人，小事他也能做成大事；一個不能幹的人，大事也會做得一敗塗地，潦倒以終。失敗的原因，一人主義、孤家寡人，不懂集體創作，不懂集體領導，剛愎自用，家族私有，愚癡執著，樹敵而不廣結善緣，這都是值得吾人自我警惕的失敗的原因喔！

《人間福報》二〇〇一年五月二十四日

人權與生權

人類的文明進展，從上古時代的神權進化到今日的民權時代，現在舉世都在提倡人權。其中尤以美國一直在抗議中國不講人權，所以要給予很多的限制，例如進出口不給予優惠、不准許參加部分的世界組織等，以示懲罰。

台灣在多年前，所謂的「白色恐怖」時代，也不講究人權，人民的生死，操縱在一些政治人物手中。由於一些泯滅良知的幹部，一意曲承主管的意思，造成許多的冤獄。沒有人權的社會，讓人民似乎又回到了古代見不得天日的黑暗時代一樣，痛苦不堪。

現在時代不同了，人權抬頭了，要求人權的呼聲響遍了世界，想要騎在人民頭上，作威作福的獨裁者，已經禁不起輿論的制裁了。中國的儒家，其實早就提出「順民者昌，逆民者亡」；又說，「天地人」三才必定有同等的權威。上天，人人敬畏；大地，人人愛護；人類，應該普遍受到尊重。歧視民權，就是與時代思想的潮流相背離，必然無法立足於這個時代，更不能長久存在。

當人權有了，進一步更要注重生權。佛說：「大地眾生皆有如來智慧德相」；對於現在人類殘殺生靈，不尊重生命，其實也如上古時代的暴君一樣，世道仍然是不公的啊！

現在講究生權，最先進的就是美國。雞鴨倒提，要罰款；牛馬拉車過重，主人要受法律制裁。在野生動物園區先行，要讓野生動物先行。

尤其現在世界的環保組織，對於生態的保護，更加有了長足的進步，如果販賣走私象牙、犀牛角、虎鞭、熊膽，都要判刑，眞爲天下的蒼生慶幸。

但是，還有一些落後的地區，大量地屠殺稀有動物，如撒網捕鳥，電毒游魚，冬吃香肉（狗肉），甚至大街小巷公然地掛出生吃活魚等，種種殘忍的手段、殘忍的行爲，不知道這許多痛苦如果加諸在自己身上，是如何感受？

語云：「莫道群生性命微，一般骨肉一般皮；勸君莫打三春鳥，子在巢中望母歸。」

現在民權進步了，我們希望生權也跟著提升。阿彌陀佛！

《人間福報》二〇〇一年五月二十五日

難忍能忍

忍，是中國文化的美德；忍，也是佛教認爲最大的修行。無邊的罪過，在於一個瞋字；無量的功德，在於一個忍字。

佛陀說：「不能忍受譏諷毀謗，如飲甘露者，不能名爲有力大人。」平時，一個人忍寒忍熱容易，忍飢忍餓也不算困難；甚至忍貧忍窮、忍譏忍謗，都還容易做到，但是要忍一口氣，就不是人人所能忍得了的了。

法院裡，每天許多上訴告狀的人，並不完全是爲了財利，很多人只是爲了要出一口氣，所以要到法院裡去賭個輸贏。其實，人生的氣惱當然難忍，然而正因爲難忍，所以才更要忍，如果容易忍，還要你來忍嗎？

布袋和尚說：「有人罵老拙，老拙自說好；有人打老拙，老拙自睡倒；有人唾老拙，任他自乾了；他也省力氣，我也少煩惱。」忍，是天地間最尊貴的包容雅量；忍，是宇宙中最偉大的和平動力！

須菩提尊者在修忍辱波羅蜜的時候，你叫他坐，他就不站；你要他立，他就絕對不坐，這不是懦弱，這是忍的力量。《金剛經》中，佛陀說他自己作忍辱仙人的時候，被歌利王誣陷、割截身體，他都不生氣，他所表現的正是「難行能行，難忍能忍」的修行功夫。所以，成佛要有三十二相八十種好，要福慧俱全，這就是佛陀的「三祇修福慧，百劫修相好」；相好從那裡來呢？都是從忍中修來的啊！

忍，不是懦弱，不是無用；忍，是一種力量，是一種慈悲，是一種智慧，更是一種藝術。忍之一字，是接受，是擔當，是負責，是處理，是化解，是承擔的意思。正如孟子說：「天將降大任於是人也，必先苦其心志、勞其筋骨、餓其體膚，空乏其身，行拂亂其所爲，所以動心忍性，增益其所不能。」這就是忍的大勇大力。

「忍字頭上一把刀」；一般人在受了欺侮、冤屈的時候，往往痛哭流淚、暴跳如雷。但是，哭過了，跳過了，也就沒有力量了。假如能忍住眼淚，忍住暴怒，保持平和，保持鎮定，這才是涵養力量，這就是忍的功夫了。

忍，有生忍、法忍、無生法忍。我們要透過生命的力量，發揮「生忍」；我們要用佛法的慈悲喜捨、般若智慧，實踐「法忍」；我們要能如如不動、不生不滅，完成「無生法忍」。

世間上，洪水暴風，槍炮子彈，都不是最大的力量，最大的力量，就是我們的忍喔！

《人間福報》二〇〇一年五月二十六日

正信與迷信

人，是一個有信仰的動物。說到信仰，就有正信與迷信之別。

每一個有信仰的人，都不承認自己的所信是迷信，他認為他的信仰是絕對正確的，不然他怎麼會信仰呢？其實，正信、迷信，由不得你自己認知，因為正信有正信的條件。

正信的條件是：

第一、你所信仰的對象有歷史事實根據嗎？

第二、你所信仰的對象有道德慈悲嗎？

第三、你所信仰的對象有能力救苦救難嗎？

第四、你所信仰的對象人格能淨化嗎？

合乎這許多條件，你就能信仰，就是正信；否則你不懂、你不知、你不明，那就是迷信。

當然，迷信也不是絕對不好，迷信得對的，只是因爲不懂，還並無太大的傷害。例如，我要爲國犧牲，你就必須要迷信，如果不迷信，你爲什麼要爲國家犧牲呢？你爲了什麼主義，你就必須要迷信，如果你不迷信，爲什麼要爲主義犧牲呢？爲感情，你就要對感情迷信，如果你對感情不迷信，你爲什麼要爲感情犧牲呢？爲責任，你就要對責任迷信，否則你怎麼肯爲責任犧牲呢？

迷信不要緊，就怕邪信！你寧可以不信，但不能邪信！佛教就是一個驅邪顯正的宗教，你不信因果，就是邪見，你有斷滅見，就是邪見；乃至我見、邊見、見取見、戒禁取見等，都是邪見。

現在有一些學佛人士，感情用事，相信「即生成佛」、「百日升天」，相信怪異神奇，相信活佛眞人；沒有經過道德、智慧、慈悲、正直去評判的，在信仰途中，總容易走錯了路。假如我們能小心，不要被邪見所騙，不要被迷信所迷，就得要正信。

所謂正信：

第一、要相信善惡因果必定有報應。

第二、要相信世間絕對有聖賢好壞。

第三、要相信人生必定有過去、現在、未來。

第四、要相信世間一切都是因緣和合所生起。

佛教，你可以不相信佛祖，但你不可以不相信這些道理喔！

《人間福報》二〇〇一年五月二十七日

藉口之害

人，有一個習慣，遇到一些疏忽的事情，總想找藉口為自己說個理由，彌補過失。例如，約會遲到，遲到就應該表示抱歉，但是他總要說出多少理由。例如：我要出門的時候，正好來了一通電話；今天路上塞車嚴重；今天下雨；臨出門時，忽然有個朋友來找我……總覺得我遲到，你不能怪我，要怪就要怪電話、怪塞車、怪下雨、怪朋友；我是沒有錯的，這就是藉口。

多時沒有回信，也有很多藉口：近來很忙；才剛遠行回來；家中正好沒有信紙；早就想回信了，就是因為身體不好……寫一封信，有那麼困難嗎？

不管任何事，總是要找個藉口，表示自己有理由，我沒有錯。甚至小兒小女說話傷害了別人，父母就找個藉口說：「孩子太小了，請不要計較。」家犬咬人，他說：「近來狗子的性情變壞了。」狗子性情變壞，好像理由充足，但他就是沒有想到，家犬應該把牠鍊起來。

人，總有很多藉口。得罪了別人，他有很多的藉口；做錯了事情，也用很多的藉口；傷害了別人，還是有很多的藉口。藉口！藉口！難道就能彌補自己的過失嗎？做人處事，實在不應該以各種藉口來搪塞；人，應該要實事求是，才能比較為人所欣賞。

秦王藉口喜歡玉璧，不肯給予趙國的土地，幸經藺相如以死相抗，才得以完璧歸趙；東吳藉口要找劉備和親，欲加傷害，幸虧孔明拆穿奸

謀，才得以救了劉備一命。

維摩居士藉口老病，邀約諸大菩薩前來議論，較量修行的高低；蓮花色女，藉口先去迎接忉利天宮回來的佛陀，幸而佛陀知道，須菩提「觀空」才是第一個迎接佛陀的人，故而未讓蓮花色女的好勝得逞。

藉口！藉口！喜歡找藉口的人，遇事總有百千種藉口。藉口如果是善意的，未可厚非；如果是搪塞的藉口，也還罷了；怕就怕一些藉口陷人於不義，甚至有的藉口讓人失去財物、藉口挑釁是非、藉口破壞他人好事，如此藉口，就不是正人君子所當爲了！

《人間福報》二〇〇一年五月二十八日

十字路口

人生，經常走在十字路口；東南西北、西北東南，你要往那裡走呢？如果說，人生的十字路口，東面是善，西面是惡；你是向東走呢？是向西行呢？如果南面是義，北面是利，你是向南而行呢？還是向北走去呢？

《大乘起信論》有謂「一心開二門」：心眞如門、心生滅門；一是天堂佛道，一是人間惡行，你心中的傾向，是往那一邊去呢？

吾人在每日的生活之中，經常徘徊在十字路口。求職換工作時，我是選擇工商呢？還是選擇文教呢？多年的情侶，忽然出現了新歡，我是愛這個呢？還是愛那個呢？甚至要選民意代表，我是選立法委員好呢？還是國大代表好呢？選民投票，我是應該選張三呢？還是該投給李四一票呢？各種的對象好像都好，我很難從中做一選擇，這就如走在十字路口，徘徊不定，找不到方向。

有些人，對人生的規劃當然有許多的理想。在各種規劃中，是非得失，善惡好壞，在我心中不停的天人交戰，總難決定。但是，人生十字路口的徬徨，如果沒有智慧來辨識，一旦走錯了方向，後果實在不堪設想。

過去歷朝歷代，有的官兵要落草爲寇，有的山林盜賊要歸順朝廷，當他們徘徊在抉擇之間的時候，除了需要有極大的勇氣，尤其要有分別好壞、抉擇是非的智慧。自古的大臣，是忠是奸，例如清朝乾隆皇帝的宰相劉羅鍋，死忠是他的選擇；另一弄臣和珅，奸滑也是他的抉擇，所以一念的選擇，差之毫釐，但對人的一生，甚至對整個歷史的影響，可就謬之千里了。

每年大專聯考時，許多考生也都面臨了十字路口的選擇，是選文科呢？是選理科呢？還是選工科好呢？是依自己的興趣來決定呢？還是就未來的出路來考量呢？走在十字路口，常常令人進退兩難。

佛教裡，丹霞禪師當初本來是要上京城考狀元，但是經過一座寺院，他終於覺悟「考官不如選佛」，因此選擇皈佛爲生；現實生活裡，也有的人懸崖勒馬，浪子回頭，終於沒有在十字路口迷失方向。

人的一生，有許多的十字路口，我們每一個人走到十字路口時，我們的選擇是善是惡？是義是利？這就要看聰明的人兒，你自己的選擇了。

《人間福報》二〇〇一年五月二十九日

留下什麼？

父母早晨外出上班，爲子女留下什麼樣的午餐？醫師晚上下班，留下的病人，給了他什麼樣的照護？家人移民海外，留下一些什麼給親友？長輩辭世，留給子孫什麼遺物？

有的人，要靠祖先和他人的遺留，自己來延續著過幸福的日子；有的人，靠自己奮鬥開發來追尋屬於自己的人生。

我們的遠祖，留給我們的文化遺產：萬有文庫、四庫全書、二十四史、春秋五經、東周列國誌、資治通鑑、經律論三藏十二部，甚至禪門的公案、歷代聖賢的開示等，都是不朽的遺產。此外，開墾農田，種植山林，河流隧道，廣路小徑，都給予後人無比的方便。尤其山區的石刻，偉大的建築，悠久的文化，豐富了我們的人生，豐富了我們的生活，豐富了我們的智能。

前人留給我們豐富的資產，我們留了一些什麼東西給後人呢？儒家說，人應該要把立功、立德、立言三不朽留給人間；基督教說，把愛留給世間；佛教說，要把慈悲、解脫分享給大眾！

「給」，對現世的世間有重大的貢獻；「留」，對未來的人間有重大的意義。我們不但要為現在施給，更要為未來留下一些什麼？

我們應該要把歷史留在人間，我們要把信仰留在人間，我們要把慈悲留在人間，我們要把貢獻留在人間，我們要把智慧留在人間。

我們不是來人間消費的，我們不是來人間享受的；我們要增添人間的彩色，我們要增添人間的動力，我們要增添人間的歡喜，我們要增添人間的文化。

男女結合，留下了兒女做爲傳承；教師朗朗的書聲，把聰明才智傳給了青年學子；科學家留下發明；哲學家留下思想；農夫留下農耕的經驗；老圃留下花草的芬芳；政治家留下政績給民間；慈善家留下善名美譽做爲大眾的模範。

孔子把四維八德留在人間，老莊把清淨無爲的哲學思想留給後人；達文西留下了「蒙娜麗莎的微笑」，貝多芬留下許多不朽的樂章；周公旦留下禮章制度，佛陀留下佛性禪心。聰明的讀者，現在就看你將來要留下一些什麼了？

《人間福報》二〇〇一年五月三十日

名牌

一些有身分的婦女，對於穿著、披戴、化妝……等，總希望要用名牌，不然顯不出她的身分。一些愛慕虛榮的年輕少男少女，也喜歡名牌，以滿足他虛榮的心理。甚至有一些俗人，他也自不量力，花費許多的冤枉錢，要去購買名牌。名牌，到底是昇華人生呢？還是衝擊人生呢？

一直心想名牌的人，其實可以在人格、智慧、心量、風儀上創造自己的名牌，倒不一定要用名牌的東西來襯托自我的高貴。

所謂名牌，有名牌的汽車、名牌的手錶、名牌的鋼筆、名牌的皮鞋，乃至於皮包、皮夾、皮襖、皮帶等，都要名牌。其實，這許多的日用是不是名牌不重要，重要的是自己的信用是名牌、自己的道德是名牌、自己的待人處世是名牌、自己的善良純眞都是名牌。名牌何必要外求呢？

有一位師姑長得莊嚴美貌，她一生出眾都是非常的和善大方，有時穿著的衣服也很入時。有人問她：你穿著的衣服是什麼牌子？那裡買的？她說：我買的都是「彎腰牌」！原因是她所穿用的服飾，都是在路邊的地攤所購買的。

彎腰牌和名牌的東西，差價何止十倍，但是她的彎腰牌不也非常的美麗大方，甚至流行了數十年！

演藝明星中的大牌，也有人說那是名牌；有信用的商家，也成爲名牌；學校辦得好，成爲名牌的學校；一所幼稚園辦得成功，也是名牌；乃至名牌的雜誌、名牌的茶館、名牌的飯店、名牌的寺院、名牌的花園、名牌的工廠等等，不一而足。

世間的人事，是不是名牌，大眾很容易評鑑；但是對於一些消費品，是不是眞的名牌，就很難鑑定了。把物品做成名牌容易，把道德做成名牌，把學問做成名牌，把自己做成名牌，就不是容易的事了。

既要名牌，就一定要高難度的名牌；名牌是修煉而成的，名牌不是買來的東西。名牌的東西，品質也不見得就眞的高人一等，然而能成爲名牌，必然也有它引人之處。不過，流行的東西名不名牌不重要，最好是自己做個名牌吧！

《人間福報》二〇〇一年五月三十一日

做個螺絲釘

如果是一根很長的鋼骨，可以做橋樑；如果是一根鐵條，也可以和混凝土融和起來，成爲堅固的力量。鋼骨也好，鐵條也好，有時候在連環轉節的地方，要靠一顆螺絲釘，才能把所有的力量連接在一起。螺絲釘雖小，但它能左右強而大的力量，它也能鞏固寬而廣的體積，螺絲釘的功能，不能小視。

人，都要做偉大的人物，像鋼骨，像棟樑，負擔重責。但是，螺絲釘的小人物也是不可以少的喔！所以，一個人能做到大人物當然很好，否則做一個小人物，哪怕就是一顆螺絲釘，也不能說他不重要啊！

大海，是由於江河湖泊，一滴一滴的注入，才能成其大；高山，也是由於泥土沙石的重重堆砌而成。所以，一個偉大的大人物，也不能看輕一顆螺絲釘般的小人物喔！

一個工廠，不能少了螺絲釘；一些工程，也不能沒有螺絲釘。甚至在家庭裡，掛一幅畫需要一根螺絲釘，釘一塊壁板，也需要螺絲釘。房屋要修補，少不了螺絲釘，颱風來了，更要準備螺絲釘應急；螺絲釘已經成爲生活中維護安全不可缺少的東西了。

飛機能高飛，是多少的螺絲釘把一片一片的金屬固鎖起來；一艘輪船，能在大海中航行，也要靠很多的螺絲釘把鋼板聯結組合。螺絲釘對人類的貢獻，不可謂不大。

然而，世間事愈是廉價的東西，愈是不容易受人重視。螺絲釘因爲小而不起眼，所以平時很少有人會注意到它存在的價值，總要等到少了一根螺絲釘，機器不能運轉了，飛機不能飛航的時候，大家才會發現螺絲釘的重要。

做人，要像螺絲釘，當有用的時候，人家並不知道我們的價值；沒有用的時候，人家就知道少不了我了。當人家需要我們這一顆螺絲釘的時候，我們要盡量發揮自己的功用；當人家知道我們很重要的時候，我們也不要自抬身價，我們還是要很安分地做一顆螺絲釘，如此才能發揮大用，才能成爲一顆名符其實的螺絲釘。

《人間福報》二〇〇一年六月一日

心香一瓣

心香一瓣，表示虔誠；心香一瓣，表示祝福；心香一瓣，表示心願；心香一瓣，表示好意。

心香一瓣，祈禱世界和平，人民安樂；心香一瓣，祈願父母吉祥，身心自在；心香一瓣，祝願親族朋友，萬事如意，一切順遂；心香一瓣，人間和諧，皆大歡喜……。二六時中，朝夕晨昏，都有「心香一瓣」的存心、動念，這不是最大的修行

嗎？

世間上，有的人希求人家賜給我金錢物品，有的人希望人家賞給我獎牌榮耀；但也有的人只希望別人：「你為我祝福吧」、「你給我一些祈願吧」！

心想人家的祈願，看起來只是幾句好話，只是一點心意，但這個世間上，不就是心意和好話最為重要嗎？

你看！深山古寺裡，老頭陀的鐘聲祈願：「洪鐘初扣，寶偈高吟，上徹天堂，下通地府。」你再聽聽！叢林寺院的住持方丈，每月初一、十五，也在「心香一瓣」，祝福世人安樂，社會親和！難道我們都沒有享受到他們的祝福嗎？

吾人的生活，每天都只想到自己：自己所愛、自己所有、自己所要、自己所想；自己勝過一切，所以養成了自私、閉塞、執著、鄙吝，因此性情、人格愈來愈醜陋。假如說我們能夠早晚都有「心香一瓣」，祈願別人，祝福別人，久而久之，心裡淨化，思想開闊，性格慈祥，與人為善，必能不同凡響！

現在社會上，也在流行「祝你早安」、「祝你晚安」、「早晨好」、「中午好」、「身體好」。甚至寄信通函，都不忘問候「你好」，或是「祝你健康」、「祝你快樂」、「祝你吉祥如意」，但是總嫌有口無心，不是至誠關懷，只是虛應閒話。假如我們時時都能夠「心香一瓣」，以誠摯的、恭敬的、一心的，祈祝別人得到幸福安樂，則所謂「心香一瓣」，怎麼能不遍滿十方，大眾受益呢？

《人間福報》二〇〇一年六月二日

掌聲與噓聲

政治家的一場演說，有時候贏得掌聲，有時候台下也有噓聲；有的人做事，獲得多少人的掌聲讚美，也可能會有人噓聲破壞。

人，當然希望掌聲，不要噓聲。但是，掌聲未必全對，噓聲也未必全錯；掌聲、噓聲之外，可能還有另外一種公道可評。

爲公眾鼓掌，當然是值得推崇；爲自己私欲鼓掌，這就有可爭議了。不合乎道德的，沒有獲得全民歸向的，給予噓聲，噓聲未必錯誤；噓聲有時代表一種公理，代表一種正義，代表一種抗爭，那也是爲民喉舌喔！

秦始皇興建萬里長城，隋煬帝開闢千里運河，你說，這應該給予他們掌聲呢？還是噓聲呢？蔣中正領導全國軍民八年抗戰，死傷數千萬人；繼續又領導國共內戰，爭城掠地，最後經濟垮台，兵敗如山倒，這應該給予掌聲呢？還是噓聲呢？

現在海峽兩岸，高唱和平統一，有人認同，有人反對，你說應該給予掌聲呢？還是噓聲呢？三通應該對兩岸經濟有益，一中對未來和平可期，但兩岸的領導人有的贊成，有的反對，贊成的，爲中國的統一設想；反對的，另有其他的企圖，究竟我們應該給他們是掌聲呢？還是噓聲呢？

漢高祖、明太祖，都是平民奮起革命而登基爲王，眞是一將功成萬骨枯，這應該給他們掌聲呢？噓聲呢？

汪精衛行刺攝政王時，那種「引刀成一快，不負少年頭」的英雄豪氣，但是後來與日本妥協，成立僞政府，出賣國家，這是應該要給他掌聲呢？還是噓聲呢？

我們給予英雄好漢的，當然是掌聲；我們給予奸佞小人的，當然是噓聲。我們對於維護公理正義的人，當然是給予掌聲；我們對於自私自利的宵小，當然是給予噓聲。

爲公、爲眾，有所爲，有所不爲，我們給予歌頌，給予掌聲；爲己爲私，無德無能，貪取詐欺之徒，我們不但給予噓聲，我們還要唾罵三聲呢！

所以，是掌聲，是噓聲，一切就看你自己如何表現了！

《人間福報》二〇〇一年六月三日

我是財神爺

財富，人人祈求！尤其現在全球性的經濟蕭條，景氣低迷，不少工廠倒閉，連帶造成員工失業，大家更是希望祈求財神，給予發財的機會。

財神，你認識嗎？所謂求人難，求財神更難！如果你不認識財神，即使財神到了你家門口，你也不曉得要請他進門。

財神，是男人呢？還是女人呢？佛經說，財神是女性，是美麗的女郎，名叫大功德天。有人把財神加個「爺」，說財神爺怎麼會是個女的呢？佛經裡面也說，財神爺就如忉利天主，名叫帝釋天。台北行天宮所拜者，即類似天公、天帝也！

既然財神爺是女的，也是男的，則擴而大之，應該是人人都可以做財神爺！

財神是誰？財神當然就是吾人自己！我的雙手勞動，辛勤奮發賺錢，雙手就是我的財神爺；我的雙腿勤於走路，開發財源，雙腿就是我的財神爺；我耳聰目明，我滿面笑容，我口中多說好話，我肯得向人點頭示好，它們都能爲我帶來財富；我的五根六識，不就是我的財神爺嗎？

尤其，我們把財神爺養在腦海裡。我的腦筋清楚，智慧明朗，所謂智慧財；有了智慧，不就能幫我賺來財富嗎？所以，求人難，求神難，不如求自己這一尊財神，應該比較來得容易。

你看，吾人的一生，從小童子軍就懂得要日行一善；中學生，撿貝殼，賣紀念品，提供社會做福利事業；家庭主婦，省吃儉用，捐獻給宗教公益，修橋補路；達官貴人，更是這邊貢獻，那邊施捨。從小到老，幾乎每一個人都是財神，都把金錢供給家人使用，提供社會所需；增產報國，不就是每一個人間財神的奉獻嗎？

人，忘記了自己的尊嚴，忘記了自己的特長，凡事求助於別人，實在應該要自責，因爲自己不能獨立自強，不能奮發有爲，所以才會工廠倒閉，才會經濟蕭條。假如吾人懂得自己做財神；自己能施，自己能捨，還要再去另外求什麼財神呢？

《人間福報》二〇〇一年六月四日

應世無畏

人和人相處中，最不安的就是畏懼和恐慌，所以觀世音菩薩不但救苦救難，而且布施給人「無畏」。此中的意義，就如有力量的人和有辦法的人，對於一些弱小無助者，給予保護說：「不要怕，有我支持你！」此種布施的精神至爲重要。

因爲觀世音菩薩尋聲救苦，給予眾生布施「無畏」，所以在觀世音菩薩的諸多名號當中，又名「施無畏者」。相反的，世間上有的人不但不能給人無畏，反而給人畏懼。自己的語言、行爲，總是能給人恐嚇就給人恐嚇，能夠給人畏懼就給人畏懼！這不但不是「施無畏」，反而讓社會上到處充滿了障礙、打擊，甚至戰雲密布，機關重重，令人深感危機四伏、危險難安。

語云：「知人知面不知心」。人與人之間，因爲不知道此人對我是有利、還是有害，所以交朋友不得不提防將來的變化；招考員工，也不得不調查身世，以防備將來不利於團體。

在家庭中，長者也經常開示後輩，都是教他要「害人之心不可有，防人之心不可無。」家庭裡的父母、兄弟姊妹，雖然親如骨肉，有時也要有一些防備，怕你對家庭眷屬造成不利；在一個機關團體裡，也總是制訂一些方案，以防離心分子有害於公事。甚至大如國家，也組織各種機構，實行各種防護措施，所謂保密防諜、防貪、防盜、防洩密、防破壞等，所以有調查局、安全局，乃至警備總部，關防之多，就是因爲對惡人、惡事，以及惡因、惡緣有所畏懼和防患於未然啊！

吾人立身處世，應有為眾生施予保護的慈悲智勇。我們要發願作眾生的保護傘，不受雨淋；要作眾生的手電筒，消除暗夜恐慌；要作眾生的舟航，讓大眾能離開苦海；要作眾生的家園，讓他免於餐風露宿，這就如觀世音菩薩的施無畏。

在這個世間上，雖然到處有聖賢善良之人，但是不可諱言的，許多貪瞋愚癡的地獄、餓鬼、畜生也和吾人同居一處，因此吾人處世，也應該學習膽量、智慧。所謂「忍者無懼」、「仁者無敵」；尤其重要的是「平常不作虧心事，夜半敲門心不驚」，以及「站在船頭穩，不怕浪來顛」的勇氣，只要自己日常遵守綱常紀律，待人處事慈悲正直，自當能夠磊落做人，自然能夠「應世無畏」也！

《人間福報》二〇〇一年六月五日

保密的涵養

人世間有公事，有私事，公事應該讓大家知道，私事可以不必給人知道。但是，就算是公事，例如國家的政策、機要，當還沒有到達可以公開的時候，它也需要保密，何況是私人的事情，如果他不希望給人知道，他更希望自己能保密。

保密不是不好，只是一時還沒有到達公諸他人的階段；這個時候如果不守密，太多人知道有時不但不能成事，反而壞事。例如國家和國家之間的間諜，商團和商團往來的業務機密等，都要想出種種嚴密的方法來保密，因爲保密工作做得周全，就是保護自己。

國家、團體之間需要保密；朋友和朋友之間，也會有秘密。朋友之間彼此相互知道的秘密愈多，愈能成爲好友，所以好朋友就要有替對方保守秘密的義務。當一個人覺得保密比洩密更爲快樂時，這人是眞正成熟了。

然而，世間上眞有秘密嗎？一般的人，見到人都說：我有一個秘密告訴你，請你不要告訴別人。聽者隨後又跟第三者說，我有一個秘密告訴你，你不可以告訴別人。如此輾轉不多時，所謂秘密者，已然天下皆知矣！

因爲傳播是人性的弱點，每個人都以能得到內幕的密事，表示自己的身分特殊，自己很有辦法；洩密，更可以表現自己的權威，所以洩密的情形就很普遍了。即連《六祖壇經》中，弟子聽過六祖大師說法後，還要問：「另有『密』意否？」六祖大師回答：「密在汝邊！」可見好探秘密，實乃人的天性也！

燕太子丹，與義士田光想要謀刺秦王。田光推薦荊軻，燕太子丹說：「此事關係燕國存亡，務請保密。」田光應允，回家後立即自殺。用自殺來表示不會洩密，這種保密的涵養，可說功夫到家。

有人喜歡刺探機密，有人恨不得遠離機密。因為知道別人的機密，有時候會惹來是非，甚至惹來殺身之禍，所以就儘量遠離別人的密談、別人的密語、別人的密事；凡是秘密，儘少參與，這也是明哲保身之道。

所謂保密不保密，就是能講不能講。凡事能對人言而不言，謂之「失人」；凡事不應對人言而言之，即為「失言」。自己的密事不去張揚，這是涵養；他人的密事過分宣揚，這是失德。守密和洩密，應在此中矣！

《人間福報》二〇〇一年六月六日

業力與願力

《地藏經》說：什麼人才能進入地獄呢？一是惡業的牽引，二是願力的發揮。同樣的，人怎樣才能升到人間天上呢？也是一由善業的牽引，二由願力的加持。人，流轉在五趣六道，甚至進入到聖賢的果位，都是靠業力和願力的作用。

業力，有時候由不得你自己作主，各種往昔的因緣牽扯，在很自然的生活中，造下許多的善業與惡業。例如：惡業方面，身業有殺、盜、邪淫；口業有妄語、惡口、兩舌、綺語；意業有貪瞋、愚癡、邪見等。

你造了惡業，應有的惡報，不要說你的親人救不了你，甚至佛菩薩也幫不了忙。同樣的，你造了善業，不需要另外大力幫助，你自己必然會享受善緣善果。

如果說不幸造了惡業，補救的方法：

第一是消業。正如衣服上的塵埃、身體上的垢穢，你可以用清潔劑、非肥皂來消除；造了惡業，也要懂得懺悔，才能消除業障。

第二是願力。願做好事，願存好心，願說好話；不但只有願力，而且付諸實踐，自然有願必成。

回顧往昔人類的歷史，有權有勢的、有錢有位的，一旦業報現前，好像冰山傾倒，轉眼成空；再看一些貧無立錐之地的市井小民，他的好因好緣，一旦風雲際會，所求無不成辦。

商紂、嬴政，甚至王莽、煬帝之流，權勢喧天，可惜業報一到，高樓大廈傾倒，還有什麼存身之地呢？漢高祖、朱洪武，都是村野小民，風雲際會，不是一樣可以稱王稱帝，一統天下嗎？

人生的際遇，好像走在一條道路上，高低起伏，時而順暢，時而坎坷，這都是由於我們的善惡業力所鼓動。假如吾人但願能消業，首先應該多做一些善事；你在良田裡播了好種，還怕沒有收成嗎？你時時心存善念，時時發願力行，爲國家盡忠，爲社會盡職，爲父母盡孝，爲親人盡心；你念茲在茲，有願必成，何必還要掛念前途一事無成呢？

世間上最大的力量，不是洪水猛獸，不是槍炮子彈；實在說，人間的幸與不幸，都是在於吾人的業力與願力，吾人豈能不謹言慎行，消業解惑，復發廣大願心乎！

《人間福報》二〇〇一年六月七日

惜緣

世間上，要愛惜的東西很多。金錢，你要愛惜；親人，你要愛惜；甚至國家、社會、團體，你都要愛惜。

人，先要愛惜自己，然後愛惜父母，愛惜妻子兒女，愛惜兄弟姊妹，愛惜朋友鄰人。推而廣之，凡是與自己有關，不分親疏，都要愛惜。

人，有惜情、惜物、惜時、惜愛；甚至過去中國的讀書人「敬惜字紙」，乃至「惜水如金」，這都表現了一種生活的美德。

在各種的愛惜當中，惜緣是最重要的功德。小貓小狗，我和牠有緣，惜我們相處的情誼；院樹盆栽，每日有相處的因緣，我也不忍它受到傷害。別人給我的一些因緣，我珍惜它的難能可貴，讓緣分發展得更美好。

父母生我，我怎能不惜情緣呢？師長教我，我怎能不惜師緣呢？朋友助我，我怎能不惜友緣呢？鄰居和我這麼靠近，我怎能不惜近緣呢？甚至士農工商，供我吃飯，供我穿衣，供我日用，供我方便；我所以活著，就是仰賴這些因緣，才得以生存，我不珍惜這些因緣，我要靠什麼來維生呢？

人家幫我說一句好話，就給我一點因緣；人家爲我介紹一些知識，就是給我一些因緣；人家告訴我一些資訊，讓我知道世界的動態，就是給我的因緣。由此推之，報社記者、演藝人員、公共汽車的駕駛，乃至

計程車的司機、路邊的小麵攤、小雜貨店，都是我的因緣呀！我擁有了這許多的因緣，就是我的富貴，就是我的擁有，我怎能不珍惜他們呢？

親人，從國外打了一通電話；朋友，從遠方寄來一張卡片，都有無限的情義，無限的因緣。有因緣，你不找它，它也會來找你；無因緣，你去找它，可能也找不到。好人好事，你有因緣，都會是你的；你無因緣，有時相遇也不相識。

天地間，一朵小花，它也要感謝和風，感謝露珠，感謝陽光，感謝空氣；因為有這些，它才能開得更加的鮮豔奪目。就算我們的人生如花，我們不是也應該要珍惜生命中的陽光、空氣、水分嗎？

《人間福報》二〇〇一年六月八日

分一杯羹

現在的社會，政黨與政黨之間，所謂糾紛，都是因為分不到一杯羹。有的朋友，翻臉成仇，因為沒有分到一杯羹；親戚故舊，分不到一杯羹的時候，可以法庭相見。分一杯羹，看起來是人類醜陋的心態。

兒童在母親的懷裡，母親如果不能分一杯羹給他，他就哭鬧不停；發財致富的時候，如果對旁邊的人不能分一杯羹給他，他也不容許你的存在。

現在的社會，人與人之間，共患難容易，共富貴則難，問題就在不能分到一杯羹；分不到一杯羹，種種的怨恨、嫉妒，就會因此產生。

你組織政府，我沒有分到一杯羹，我就跟你反對到底；你辦的事業，不要我參加，我沒有分到一杯羹，我就給你惡言批評。對沒有分到一杯羹的人，不要認為你怨恨、嫉妒，就能分到一杯羹，你必需要奉獻、參與，你給了別人的因緣，還怕不能分到一杯羹嗎？

我們也不要常常想要人家來分給我們一杯羹，我們應該要想，讓我來分給別人一杯羹。不妒人有，是人間的美德；縱使人家虧待我，沒有分給我一杯羹，我也不要耿耿於懷，計較於心。飯，不是一天就吃完的，今日他沒有分給我一杯羹，將來因緣際會時，他可能還會加給我一杯羹。

所以，人與人之間的相處，千萬不能計較一時，不要像商業買賣一樣，銀貨兩訖就算了；利害是一時的，道義是永久的，何必斤斤計較眼前的一杯羹呢？

有能力的人，總是想到我要對他人有所貢獻、有所圖報、有所服務；如果能時時與人結緣，爲人服務，當別人有所成就時，你還怕不能分到一杯羹嗎？

人生的挫折，在於自己貧窮，自己缺陷，平時沒有給人家點滴貢獻，總想分一杯羹，此實難矣！

想要分得一杯羹的觀念，不能不重新再做考慮。能夠分到一杯羹，固然要感謝人家的好意，假如不能分到一杯羹，也要認爲理所當然。假如分到一杯羹，你也要給人補報；假如沒有分到一杯羹，更不要計較於一時；對一杯羹的想法，有也好，無也好，一切隨順因果，只要自己有辦法，還怕分不到一杯羹嗎？

《人間福報》二〇〇一年六月九日

神佛之間

神與佛是有分別的，不可以混爲一談。

神，不一定有歷史可以考據。在神權時代，人對宇宙自然現象所不了解的，都可以把它加以神化。例如，天有天神、地有地神、山有山神、水有水神；樹木花草、石頭磚塊，都各有神明。甚至大自然的雷電風雨，都有雷神、風神、電神、雨神。可以說，大自然無一沒有神在。

及至人類文明的發展，從蠻荒的神權到中古的君權時代，又添加了

許多英雄人物，像王爺、將軍、城隍、土地、媽祖、關公、岳飛等武神；以及孔孟、孔明等文神。

所謂神，若非武功蓋世，令人懷念，即是有功於社會大眾者，如：月下老人就是今日的媒婆，瘟神就是今日的衛生署署長；此外，城隍是縣長，土地是里長，文昌帝君是教育部長，哪吒太子是警察局局長。

神明的產生，是因爲人不了解大自然，或者有求於政府官員而不可得者，便求之於神明，這是思念中的神明。

神，有拿武器，有穿衣服，有長鬍鬚，有用葷腥；神，幾乎是人格化了。但是，佛跟神不同，佛是人，有出生的地方，有生養的父母，有修行的經過，有眞理的體證；佛不是由人來封的，而是有歷史考證，是舉世所公認的。

佛陀沒有武器，佛像沒有衣裝，佛陀不會賞善罰惡；佛陀只是真理的覺者，他給人間的智慧，給人間的接引，給人間的指示，給人間的開導。佛陀好像人間的光明，所謂「佛光普照」；但是，更重要的，吾人應該要讓自己心裡的光照耀出來，照耀別人，這才更爲重要。

佛陀沒有權威，他是眞理，他是我們大家的心；你有心，他有心，每一個人的心中就有佛。假如你能懂得「即心即佛、即佛即心」，則你用佛眼來看世界，那就是佛的世界；你用佛耳來聽聲音，那就是佛耳的世界；你所說的話都是佛的語言，那就是佛的語言世界；你身體力行都是佛的慈悲智慧，則你當下就是佛了。

神與佛是不同的，因爲佛是我們自己，神就是別人了。

《人間福報》二〇〇一年六月十日

心平氣和

做人處事的修養，有百千萬種，但是，心平氣和，是修養中的修養。一個人，如果「心不平」，則別人和你一接觸，就會知道你有偏見、有成見，就會讓人感到你有親疏的觀念、公私的利害，對你的疏離之感，即刻產生；如果你「氣不和」，則會讓人感覺到你氣量不大、氣勢不夠，也會讓人不敢親近於你。

心平氣和的人，自然近悅遠來！家庭裡，父母心平氣和，不但兒女樂於親近，就是一般的青少年，也樂於求教；團體中，心平氣和的長官，不但自己的部屬樂於請教，其他團體的幹部也會樂於追隨。所以，許多的宗教都鼓勵人要養心、養氣，因爲平心靜氣，是爲人之道。

遺憾的是，我們的心，經常都是心煩意亂、心浮氣躁、心私不公、心暗不明，所以心的工廠生產不出好的東西；假如能夠心平，就能光大心的功能，就能生產心中的淨美。例如：心光則明、心大則廣、心明則清、心空則有、心有則喜、心德則正、心道則平、心慈則愛、心慧則智、心量則容。

心平是非常重要的！如平常說「願將佛手雙垂下，摸得人心一樣平。」心不平，人生道上，自然會有許多的橫逆接踵而來。假如能求得心平，還要氣和。當一個人和別人一見面的時候，心平不平還不容易看得出來；氣和不和，則很容易就能察覺得到。

氣，形之於色，所謂氣色，別人看到你，不但看得到你的氣色，還能知道你的氣味、氣量、氣慨、氣節、氣質。所以，一個人：怒則氣逆，喜則氣緩；悲則氣消，恐則氣轉；寒則氣閉，暑則氣泄；驚則氣亂，勞則氣減；思則氣結，怨則氣損。

吾人在順境裡容易心平氣和，但一遇到逆境，就很難平心靜氣了。心平靜氣不是用在安寧閒暇之時，而是用在緊急危難之間。大將在前方指揮，能夠心平氣和，則能理智清明，安然篤定；商人在商場上，利害交關的時刻，能心平氣和，處之泰然，則必有所得。就如現在的青年學子，每遇考試，要能心平氣和，就會有好的成績；警察處理違警事故，如果心平氣和，則能獲得民間的尊重。

一個人有多大的道德、學問、能力，很難論斷；心平氣和，則是必要的修養。

《人間福報》二〇〇一年六月十一日

從過去到未來

每個人都有過去，每個人都有現在，每個人都有未來。有的人歡喜回憶，都說回憶比現在美麗；有的人則把握現在，腳踏實地，他說現在比較重要。也有一些人把希望寄託在未來，認爲現在不急，等到未來再說。

吾人的時間總是有過去、現在、未來；究竟過去重要？現在重要？還是未來重要？過去的即使再如何輝煌、美滿，也終究是已經過去了，追憶又有何用呢？

有一位婦人，生養的獨子長到十二歲，卻生了一場疾病而逝世。婦人想不開，到處找人哭訴，後來找到了佛陀，希望佛陀能讓他的兒子再復活回來。佛陀要他去向沒有死過人的家裡要一枝吉祥草，就可以救回他的兒子。婦人找了數日，找不到一户人家從來沒有死過人的，當然也就沒有這一枝吉祥草。

由此可知，無常是人生的實相！一直執著萬物不死，這就是沒有認清世間無常的實相；一直想要擁有過去，這就是執著。須知「過去」可以衍生成「現在」；「現在」又將發展成「未來」；「未來」又會接上「過去」，於是就形成了所謂的「三世」輪迴。

《三世因果經》云：「欲知前世因，今生受者是；欲知來世果，今生作者是。」其實過去的也未嘗過去，它影響到我們的現在；現在的時光雖不停留，它卻領導著我們走向未來；未來還有未來，生生世世就這麼輪轉不休。

對於過去的行爲，可以作爲反省，也可以自我檢討，表示吾人從中吸取經驗，改進未來。對現在不再停滯，不要故步自封；不放棄後面的一步，你怎麼能跨步向前呢？所以重要的是，要策勵自己向前、向上、向善、向眞；能夠把握現在，修身養德，才有美好的未來。

其實，過去是我的，現在也是我的，未來更是我的；三世在我的當下，在我的一心，吾人要好好的把握過去、現在、未來，使它善行循環，淨念相繼，才有圓滿的人生。

吾人的祖先過去有貢獻於社會者，我們現在要替它發揚光大；吾人的祖先過去有損於社會、親友者，我現在要替他加以補救，把一系列的生命，從過去、現在到未來，都加以淨化、善化、美化。

吾人現在的所做所行，一定會影響吾人的未來，甚至影響到子孫；要替子孫著想，積聚德行，積聚因緣，留給子孫，這是讓自我生命的延長。

其實，現在如果無能為力，不能替國家社會創造無限的生命，但也要留下一些好因好緣給繼承的家族。對過去、現在、未來的人生，重要的是，對過去不要執著，對現在不要留戀，對未來更不要幻想；所謂人生，盡職盡分而已！

《人間福報》二〇〇一年六月十二日

浮生若夢

像浮萍一樣的人生，就如「南柯一夢」！

人的眼、耳、鼻、舌、身、心，在佛教裡稱爲「六識」。當眼、耳、鼻、舌、身都睡覺的時候，唯有心（意識）還可以起來活動；雖沒有實體，也像眞的一樣，上山下海，交際往來，稱爲「夢境」。

在現實的人生裡，有的人喜歡做夢，因爲一個夢增加了人生多少的歲月。夢境中，有的人一夜之間歷經幾十年，榮華富貴的過了一生。但也有人害怕做夢，因爲夢境裡諸多恐怖的景象，往往一夢醒來，嚇得渾身大汗淋漓，身心不安！

在佛教裡，許多經論都告訴我們，做夢的原因：有的是因爲體弱多病，有的是因爲日有所思，有的是因爲記憶恍惚，有的是因爲顛倒妄想；當然，也有人把夢境的一切，看成是未來即將發生的一種預兆。

其實，人生如夢，在如夢的人生中，又做了多少迷妄的夢？所以古人往往教誡吾人是「癡人說夢」。

「夢裡明明有六趣，覺後空空無大千」，所以智者又說：「大夢誰先覺，平生吾自知」。

夢，經常都會纏繞著我們的人生，如詩人杜牧的「十年一覺揚州夢，赢得青樓薄倖名」，眞是何苦來哉啊！

夢，當然也有很多種類！有的人在睡眠中被打被殺，甚至被分屍，稱爲「惡夢」；在睡眠中，經歷許多奇異的事情，例如從未見過的東西、從未見過的生物、從未到過的地方，稱爲「奇夢」。但也有的人，把平時所學習、所思想的事物，又在夢中加以回憶、琢磨，稱爲「智夢」。甚至有時候未曾想到的知識、思想、人事、計劃，也會由夢中而來，這可以叫做「寤夢」。

夢，有歡歡喜喜的夢，有恐恐怖怖的夢，有是非得失的夢，有千年悟道的夢，所謂夢，也只不過是人的心意識裡一種狀況的顯現罷了。

做夢的經驗人人都有，所以有的人就希望「夢想成眞」！但這是不對的，因爲如果你所做的是一個憂悲苦惱的夢、哀怨難解的夢、求生不能的夢、欲海難塡的夢；假如夢境成眞，你又如何生活呢？

人，應該把夢想化爲理想。理想中，事業的成就、前途的看好、聖賢的希望、道德的成長；當理想成眞，那就是從「浮生若夢」而到達眞實的人生了。

《人間福報》二〇〇一年六月十三日

換一個跑道

「三百六十五行，行行出狀元！」換一個跑道，找一分適合自己的工作，不亦宜乎！

換一個跑道，當然可以！只是，當你要換跑道的時候，不得不慎重的了解你自己，了解你即將更換的這個跑道的狀況！

你是一個能跑者，跑道不好，對你的影響不大；跑道很好，而你不具備跑者的優勢，也難跑得出好的成績來啊！

換一個跑道，可能跑出很好的成績，彼此相得益彰；但也可能跑出更不理想的結果。

經商、從事農工、教育、軍旅、現代的資訊事業等，都是人生的跑道，你都可以在這許多的領域裡，換一個跑道；甚至在一個機關裡，第一科、第二科、第三科，你也可以在這裡面換一個跑道。

在宗教裡，從事傳教的跑道，從事養老育幼慈善的跑道，從事智慧型的教育文化的跑道；不管換那一種跑道都好。只是，如果一再的換跑道，對個人難免會有一些損傷。例如，浪費了時間、失去了先機，一切都必須重頭做起。所以又有人喊出「一動不如一靜」；如果沒有重大的事故，最好能在同一個跑道上，一直跑下去，必定能跑出一張漂亮的成績單來！

中國過去的社會，一個隨侍主人多年的老僕，名義上雖然是個奴才，但他跟隨主人一做就是幾十年，甚至是一生一世，最後主人未把家產交給子女，而是交給了這個跟隨多年的老管家掌理；因爲老管家只在自己的一個跑道上，一直跑下去，所以他能夠跑出另外的一番天地來！

樹木要固本，如果常常移植，可能會更茂盛，但也可能會死亡，這就如更換跑道，不得不小心！

佛教說：「一門深入！」當工作上遭遇了困難，是什麼樣的問題，就要用什麼樣的方法來解決，千萬不能以「更換跑道」來逃避問題的。因此，跑道可換否？不可換否？有外緣的關係，但眞正的，還是存乎一心而已！

《人間福報》二〇〇一年六月十四日

各種面孔

語云：「人心不同，各如其面。」由此可見，千萬種不同的心，就有千萬種不同的面孔。

茲將今日社會人士的面孔，列舉數端如下：

一、忠厚老成的面孔。假如此人再加心地善良，必定受人重視。

二、莊嚴慈善的面孔。假如此人再加聰慧靈巧，則一生大有可爲。

三、正直無私的面孔。假如此人再有親切的個性、關懷的善意，必能成功立業。

四、精明能幹的面孔。假如此人講信用、負責任，不貪圖小便宜，則必爲社會的中堅份子。

除了這許多的面孔之外，再如微笑的面孔，讓人欣賞；友愛的面孔，讓人生起好感；有表情的面孔，讓人樂於親近；慈悲善良的面孔，讓人無須設防。

以上這些面孔，都會讓人留下深刻的印象。但是也有一些人的面孔，令人不敢恭維，例如：

一、油腔滑調的面孔。這種人讓人一見，就不歡喜，就不敢與之

親近、來往；這種人總讓人覺得他是混世的，不是做事的。

二、晚娘的面孔。這種人給人的感覺是，勢利、刻薄、無情無義；尤其臉上寒若冰霜，看不到一絲溫情，好像別人都欠他什麼似的。

三、沒有表情的面孔。這種人應笑不笑，陰險自私，讓人不知道他葫蘆裡賣什麼藥，也看不出他的生氣。

四、陰險奸刁的面孔。這是屬於小人的形狀；這種人刁鑽傲慢、笑裡藏刀，令人望而生畏。

世間上，每個人都有一副面孔，也各有一付心腸。當然，也不是憑著各人的面孔，就能決定人的一生。在百千萬種的人當中，有的人面慈心狠，有的人心慈面嚴。不過，大致上，有經驗的人，只要別人和他一照面，他就能感覺得出此人是善是惡？是眞是假？他都能揣摩得出幾分來。

面孔之於人的重要，就是佛陀吧，也講究所謂的「三十二相」；菩薩吧，也要慈眉善目，慈悲祥和。即使很多的羅漢相，雖然面相奇異，但是並非凶狠，還是可以看得出他們的慈悲來。

世界上，有很多人，把他的忠心、慈心、愛心、慧心留在人間，給人懷念；也有的人，把各種面孔留在人間，晃動不停。所以，希望那許多有著撲克牌面孔、判官面孔、僵屍面孔、凶狠面孔的人，都能重新換一張充滿慈悲、生氣的面孔，來面對人間吧！

《人間福報》二〇〇一年六月十五日

從今天做起

認眞做一件好事，認眞做一個好人，要從今天做起！

昨天，已經過去，不會再來；明天，還未到來，不必等待。今日事，今日畢；把握今天的人，就是懂得把握生命訣竅的人！

有一些人，對於做好事，他說我過去已經做了許多的善事，意謂著可以不必繼續做好事。你過去吃飯，是否也要說，我過去的飯食已經吃得很多了，難道就不要再吃飯了嗎？也有人說，明天，我還不知道有沒有明天？做什麼好事，明天再說吧！明日復明日，明日在哪裡呢？

從今天做起！就是叫我們不要因循，不要拖拉，因爲今天最可貴，無論做什麼事情，都要從今天做起。今天，我要把飯吃飽；今天有時間，我要把覺睡好；今天的事情，我要今天就把它完成；今天有機會，我就要好好的把握今天的時機因緣。

今天非常美麗！你看，今天早晨的空氣清新，今天早晨枝頭的鳥兒啼叫，今天和風吹拂，今天心情愉快。今天的成就，比什麼時候都來得多，比什麼時候都來得好！

革命家，誓師從今日起，要克敵致

勝；實業家，從今日起，要開廠營業，決勝於同行。今天落成、今天開幕、今天決議、今天開始，什麼事情都要從今天做起，才有成功的希望。

兒童，今天上學了；青年，今天結婚了；升學，今天考取了；就業，今天錄用了。今天是一個開始，今天給人歡喜，今天帶給我們無限的希望。

生日，今天要慶祝今日的生日，不會慶祝昨天的生日；勝利，要慶祝今日的勝利，不會慶祝明日的勝利。所以，在昨天、今天、明天之間，今天最爲重要；把握了今日，就是把握了生命。

人，固然要創造明日的希望，但更重要的是，要創造今日的開始、今日的動員、今日的起步，要創造今天一日之內的希望與歡喜。

今天，我想了許多的辦法；今天，我製造了許多的歡喜；今天，我說了許多的好話；今天，我做了許多的好事。甚至，我今天所做的，勝過昨日，勝過生生世世。今天，我把家裡的房舍打掃整潔；今天，我把園圃的花草修剪美化。今天，我探望了父母長輩；今天，我關懷了妻子兒女。今天，我為國家社會動員了多少力量；今天，我為未來鋪設了多少因緣。從今天創造的歡喜、希望，可以享受無窮無盡，為什麼我們不要凡事都「從今天做起」呢？

《人間福報》二〇〇一年六月十六日

人生的黃金歲月

人的一生，從母親懷胎十月，呱呱墮地，假如能夠活到百歲，當然一生都是黃金歲月最好，可是世事多缺陷，那裡能有百歲的黃金歲月呢？

有的人，童年是黃金歲月，父母慈愛，天倫之樂，要風有風，要雨有雨，要吃要玩，都能如願，這就是兒童的黃金歲月。

及至成長，青春年華，談情說愛，讀唱自由，向東向西，興之所至，這就是青年的黃金歲月。

到了壯年，擁有理想，也有事業基礎，隨興所至，稱心如意，這就是中壯年的黃金歲月。

慢慢的，年老力衰，退休以後，含飴弄孫，蒔花植草，悠遊於林泉之下，頤養天年，這就是老年的黃金歲月。

但是，世間中事，不如意者，十常八九，哪能一生都在過黃金歲月？有的人童年失去父母的慈愛，甚至受種種虐待，衣食艱難，終日在痛苦中掙扎，哪有什麼黃金歲月？

及至長大成人，失業失戀，無人依靠，無人了解，更是感到世途坎坷，哪裡還會想到什麼黃金歲月？

到了壯年，家累責任，妻子兒女，柴米油鹽，生活重擔，求名無名，求財無財，世態炎涼，人情冷暖，度日如年，哪有什麼黃金歲月？

等到老年，齒牙動搖，視野茫茫，走路維艱，老病纏身，才眞正感

受到苦空無常，只是又能向誰去訴説、怨歎呢？哪裡還有什麼黃金歲月呢？

人生，酸甜苦辣，得失無常，在黃金歲月裡，因著時間遷流，不能長久擁有。雖然是時運多艱，但自我奮鬥，不爲環境所困，不爲世情打倒；只要自己努力上進，就算小有貢獻，也可以把它當作自己的成就，當爲自己的價值。

什麼是人生的黃金歲月？只要自己活得心安理得，時時生活在正念之中，時時擁有宇宙的懷抱，發心濟人利世；只要自己人格昇華，道德圓滿，縱使無名無財，無權無位，那也是自己人生的黃金歲月喔！

《人間福報》二〇〇一年六月十七日

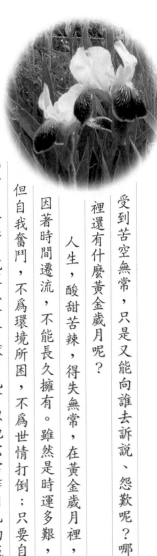

人要活多少歲

人要活多少歲！一百二十歲好嗎？假如你活到一百二十歲，你那一百歲的兒子可能已經先你過往了，甚至八十歲的孫子也快要死了，所謂「白髮人送黑髮人」，你覺得這樣的人生很好過嗎？

一百二十歲，走路走不動，吃東西沒有牙齒，也咬不動，甚至眼睛也看不到了，你會很快樂嗎？所以，高壽不是人生的意義！

一百二十歲的人生沒有意義，假如減少一半，活六十歲，好不好？六十歲的人生，正是事業有成，兒孫滿堂，前面的人生都非常辛苦，到了六十歲，正是享受人生的階段就結束了，實在太可惜。

人生究竟要活多少歲？這是很難一概而論的。你對人間社會沒有貢獻，自己也活得不很快樂，給你活二百歲、三百歲，又有什麼意義呢？假如人生活得很自在、很歡喜，對國家社會都很有貢獻、很有意義，活長活短，都會給人懷念。所以，人生究竟活多少歲，也就不會太計較了。

日本有一對姊妹，叫做金婆婆、銀婆婆，她們都活了一百多歲；名字叫金叫銀，生活的意義不知道是否像金像銀？

顏回、僧肇，都活了三十一歲，歷史、後人都一直歌頌他們對人間的影響，可以說他們的生命不但活得很久，而且活在人們的心中。

自古以來紅顏薄命，多少的美女，在青春貌美的時候香消玉殞；多少的才俊之士，正當青春花開的時候，一場意外，結束了生命。

人生究竟要活多久？不要只從時間上的壽命來看，你應該要從你事業上的壽命有多久？言論上的壽命有多久？功德上的壽命有多久？道德上的壽命有多久？信仰上的壽命有多久來看。

壽命不只是以時間來計算的，真正壽命的價值，是以對人間的貢獻而來計算。歷史上的人物，鄭成功活了三十八歲，岳飛活了三十九歲，耶穌活了三十三歲，秦始皇活了四十九歲，唐太宗和諸葛亮也都活了五十三歲，孫中山活了六十歲，穆罕默德活了六十二歲，阿難尊者、趙州禪師、虛雲和尚都活了一百二十歲。

從這些歷史上的人物來看，人生活多少歲並不重要，重要的是在於肉體之外，你的慈悲、功德，你的語言、事業，你有多少價值上的壽命，那是非常重要的。

《人間福報》二〇〇一年六月十八日

以客為尊

數年前，中華航空公司在歷經幾次飛安事件，遭遇幾番挫折之後，重新整頓服務品質，喊出「以客爲尊」的口號，從此飛行的服務，確實有所改善。不論待客的禮貌、飲食的精美、航程的服務、廣播的語言、親切的態度、滿面的笑容，一切的一切，都眞正做到了「以客爲尊」。

「以客爲尊」這一句話，救了華航，也福利了旅客。原來，把別人當尊貴的人士看待，其中有許多的好處，因此讓我們覺悟到：我有一個國家，我要「以國爲尊」；我有一個家庭，我要「以家爲尊」；我有父母，我要「以親爲尊」；我有朋友，我要「以友爲尊」；我有兒女，我要「以子爲尊」。

如果我們人人都有這種思想：「以國爲尊」，則國家必然強大；「以家爲尊」，則子弟爲家打拚，家必興隆；「以友爲尊」，眞心和朋友相處，朋友感動，必然相助，受惠者，不但爲朋友，也是爲我自己。

以父母爲尊，則親人長輩受我們的尊重，必定也會愛護子弟，則相處融洽，家庭必然祥和安樂；以子女爲尊，子女受到尊重，必定努力向上，出人頭地。

其實，以什麼人爲尊都重要，但有一個更重要的是「以己爲尊」！因爲，一個人唯有自己自尊自重，才知道奮發有爲，自立自強；一個人如果自己都不尊重自己，也就是沒有自尊心，則人不像人，又何能寄望功業有成呢？

過去，許多考生三考不就，但不忘記自尊，終能金榜題名；有些軍隊，多次失敗，但發揮軍人的尊嚴，終能取得最後勝利。蘇秦遊說秦惠王不成，父母不以其爲子，兄嫂不以其爲叔，妻子不以其爲夫；但蘇秦立志奮發，懸樑刺骨，得姜太公兵法研究，最後終於佩帶六國相印，揚眉吐氣於天下。

越王句踐，記取會稽之恥，勵精圖治，最後終能再興越國雄風；魯國曹沫，不忘失城之辱，發憤圖強，最後終於收回失地，一雪前恥。宋朝的文天祥，明朝的史可法，他們「以國爲尊」，最後雖然仍不免以死報國，但千秋萬世，爲人歌頌。「以己爲尊」，自能無事不辦！

《人間福報》二〇〇一年六月十九日

生命教育

佛光山在農曆春節過後，受教育部委託，辦理「全國教師生命教育研習營」，共有一千多位教師參加，可見生命教育已成爲現代社會的一項重要課題。然而，現在一般人並不太了解「生命教育」的意義，因爲從來沒有人講說過「生命教育」。

說到生命教育，世間上的財富，不是功名富貴，不是土地大廈；世間上最寶貴的東西，就是生命。「落水要命，上岸要錢」；可見生命比金錢重要。

吾人的生命，不是建築在自己的身體上；吾人的生命，必須仰賴社會大眾、士農工商的眾緣成就。如果沒有大眾的因緣，生命怎麼能維繫呢？

所謂生命，大自然有大自然的生命，社會有社會的生命，家族有家族的生命，個人有個人的生命。

所謂生命，是活力，是活用，是活動；自己的生命，要用活動、活力、活用，跟大家建立相互的關係。例如，雨水要灌溉樹木叢林，樹木叢林也能保護水分；人吃了萬物後排泄肥料，肥料又再成爲萬物的養分。生命是相互的，是因緣的；想獨存，想個己，那就沒有生命了！

懂得生命的人都知道，人有生命，動物有生命，植物也有生命！甚至衣服鞋襪、桌椅碗盤，都有生命！有的人一雙鞋襪只穿一個月、二個月；但也有的人，一雙鞋襪可以穿上一年、二年。所以，萬物的存在、延續，都有它們的生命！

生命究竟有多長？無窮無盡！生命究竟有多大？無量無邊！阿彌陀佛的意義就是「無量光、無量壽」，這是超越時間、超越空間的意思。

生命，固然可以說：是在數日間、是在早晚間、是在飯食間、是在呼吸間；但是生命又是超越時間、超越空間的！

「一念三千」，「一心法界」；人人有我，我有人人。天地與我同在，宇宙和我同生，生命的價值，那裡有限量呢！

「蜉蝣朝生夕死，人生百年難再」；但是，即使身體死亡了，也不是生命的結束！所謂「念天地之悠悠」，感生命之無限；生命不在於長短，而是在於生命創造的內容？這是提倡生命教育者應有的省思！

《人間福報》二〇〇一年六月二十日

馬馬虎虎

中國人的民族性，有許多爲人所垢病的地方。胡適之先生曾感歎說，中國人被許多的觀念所害，因而不能躋身於現代的強國之林。他寫了一篇「差不多先生傳」，文中的「差不多」先生說：「紅糖、白糖都差不多；山西、陝西也差不多；一千和一十也是差不多，甚至活人和死人也差不多。」胡先生藉此諷刺中國人凡事都差不多的思想。

其實，也不只是「差不多」這一觀念害了中國人，另有一個「馬馬虎虎」的思想，也使得中國人長期陷在苟且、不求眞、不求準確的錯亂中，飽受其害！

所謂「馬馬虎虎」，不僅表示一個人對是非好壞、善惡對錯沒有見解、沒有原則，甚至遇事也總是一副漠不關心的態度。放眼當前社會，馬馬虎虎的人、馬馬虎虎的事何其多！例如：

假如你問：陳總統現在的新政府政績如何？他回答：「馬馬虎虎！」馬馬虎虎的意思究竟是說好呢？還是說不好呢？假如再問：現在行政院和立法院的關係如何？他也是回答「馬馬虎虎」！

假如你問：現在的在野黨當中，國民黨、新黨、親民黨，他們彼此之間有敵對嗎？有合作嗎？他的回答還是「馬馬虎虎」！

你問：台灣社會的治安如何？他回答「馬馬虎虎」！現在台灣的教育、經濟、內政，各種的情況如何？他回答你的，也是「馬馬虎虎」！

所以，中華民國參加奧運會，有否得到獎牌？「馬馬虎虎」啦！中華民國在國際間，外交聲望如何？答案也是「馬馬虎虎」！

經商的，賺錢蝕本，也是「馬馬虎虎」；兒女讀書，成績好不好？也是「馬馬虎虎」！國防軍備，以及軍人的訓練情況，答案還是「馬馬虎虎」！

新婚夫婦感情如何？答說「馬馬虎虎」！身體健康狀況如何？他也說「馬馬虎虎」！這裡也「馬馬虎虎」，那裡也「馬馬虎虎」；「馬馬虎虎」瀰漫了每一個人的思想、語言之中，你說這個國家、這個社會、這個人生，怎麼不會「馬馬虎虎」呢？

有一知名畫家，正在聚精會神的畫一隻老虎；有一老翁慕名前來求畫，希望畫家爲他畫一隻馬。畫家順手就在畫好了老虎的身子畫上馬頭。老翁問：「這究竟是馬？還是虎？」畫家答：「馬馬虎虎」！「馬虎圖」

的印象就這樣深植在畫家的二名稚子心中。

數年後，孩子長大了。一日，老大外出，見一鄰人的馬向他跑來，他一時情急，以爲是虎，一箭便將馬射死了，鄰人不甘損失，畫家只好賠錢了事。又過了一段時日；老二出外旅行，途經山區，見一老虎，誤以爲是馬，不但不知躲避，竟還迎面走去，結果喪身虎口。消息傳來，畫家痛悔不已！

「馬馬虎虎」之害，吾人豈能不引以爲鑑乎！

《人間福報》二〇〇一年六月二十一日

休息的意義

爲什麼要休息？休息是爲了要走更遠的路！

佛教說有四種精進力，其中一種就是休息力。因爲休息就好像輪船、飛機要加油、要補給！又如軍隊，歷經了一場戰役之後，也要開到後方去整編，休養生息，以便再出發！

正當的休息，是非常重要的。即使是飛機，飛得太久了，它的金屬也會疲乏；汽車行駛得太遠了，也需要加水，以減低熱度，讓它休息，再來開行，以策安全。

日月星辰，山河大地，都要休息。昆蟲要冬眠，山雞要早睡。勤勞的螞蟻，也要作窩休息；忙碌的蜜蜂釀蜜以後，也要有一段休息的時間。政府團隊、公務人員，週休二日，強迫休假，也都是要他們休息，可見休息的重要。

然而遺憾的是，「休息」被一些人濫用，他以休息作爲懶惰的擋箭牌。例如，有的人藉助休息，早上不起床；藉助週休二日，希望經常放長假；上班時，藉助喝茶的時間，故意拖長休息時間。

一日之中，上午休息，中午休息，晚上也要休息；一年之間，國定假日休息，例假日休息，甚至不放假的時候也要休息。如此藉故休息而不工作，則人生倒不如乾脆就到棺材裡面去作永久的休息！

阿那律尊者，爲了一次在聽佛陀說法的時候打瞌睡，佛陀教訓他：「咄咄汝好睡，螺螄蚌殼內；一睡一千年，不聞佛名字。」阿那律慚愧，從此精進，不再休息，導致眼睛失明。佛陀告訴他，適當的休息，也是精進！

二十億耳彈琴，佛陀問他：「琴弦太緊、太鬆，後果如何？」二十億耳說：「弦太鬆，則彈不出聲；弦太緊，則容易斷。」佛陀說，修行亦如彈琴，不可太鬆，也不可太緊，所謂「中道」而已！

現在，是一個「忙」的時代，是一個動員的社會，每一個人都不像當初農業社會的悠閒。有的人，忙得不回家吃飯；有的人，忙得在工廠裡睡覺；更有的人，忙得數日不回家。忙，固然很好，但是如果忙過了頭，有礙健康，反而得不償失！

所謂「休息」的意義，在忙過以後，給予補給，就是休息。但是，休息了以後，就要抖擻著精神，邁開腳步，踏上正途，這才是「休息」的主要意義！

《人間福報》二〇〇一年六月二十二日

知錯就改

世間上，有一種人死不認錯，但是也有一種人，知錯就改。

死不認錯的人，是非常可惜的，就如一個人穿了一件骯髒的衣服，一直不肯洗滌；一身的污垢，不知道沐浴，穢氣薰人，令人生厭，甚至人人見了都要退避三舍，可是他還不知道，豈不可惜！甚至可悲！

錯誤，就是過失。人非聖賢，孰能無過，犯了過失，不是最大的罪惡，只要肯得改過，所謂「知過必改，善莫大焉」。不肯改過的人，好像漆黑的牆壁，爲什麼不肯替它添加一些色彩？又如酸澀的菜餚，爲什麼不給它一些淨水，沖淡它的味道？

認錯是美德！在往昔叢林中居住，不容易鬥爭吵架，就是因爲大家學習認錯。例如叢林中大眾的一些語言說：「弟子對老師多所冒犯，罪過，罪過！」「學長見多識廣，小弟愚昧，請多多指教！」「慚愧如我，未能替你服務周到！」「請大家原諒！」「請大家指教！」「請容弟子懺悔！」所以，知錯、認錯、改錯，這就非常的可貴，不但不會令人輕視，反而令人尊敬。

戰國時代趙國的廉頗老將，知道自己錯了，即刻向藺相如「負荊請罪」，這就是認錯的美德。「危如累卵」的故事，也是說明「知錯能改」的重要。

過去的帝王仁君，向全國「下詔罪己」，這就是「知錯就改」的實踐；朋友知錯，一句道歉，即刻就能把手言歡。

一篇好的文章，要經過多次的修改；一幅名畫，也要經過多少顏料的粉飾。樹木花草，需要整理才會整齊；長髮短鬚，也要靠修剪才會美觀，爲什麼錯誤就不肯改呢？

改錯，並不限定是那一個人，即使是聖賢，也有犯錯的時候，只要肯改，也不失爲聖賢。

家庭裡，也不一定要兒女向父母認錯，父母若能向兒女認錯，必定能促進父母子女的親子感情；機關裡，也不一定部屬向長官認錯，若長官能向部屬認錯，更可獲得部下的擁戴。

認錯，實在是不分男女老少，人人都能實踐的美德啊！

《人間福報》二〇〇一年六月二十三日

放下自在

挑重擔的人，當把重擔放下的時候，多麼的輕鬆舒服！當身負重職的時候，一旦完成任務，放下責任，所謂如釋重負，多麼的快樂呀！

我們在世間上，壓力沉重，都是因為不能放下的緣故。對金錢放不下、對感情放不下、對名譽放不下、對權利放不下，所以就會被金錢、名位、愛情、權利壓得喘不過氣來；因為對世間的一切放不下，所以就不能解脫自在！

你對世間的功名富貴放不下，你的人格道德就在功名富貴裡；你對人間的五欲六塵放不下，你的生命就給五欲六塵所左右；你對世間的憂悲苦惱放不下，你就會被憂悲苦惱所包圍；你對世間的有無得失放不下，你就會被有無得失影響。

人，實在說，生活得也很辛苦。為了一個人，我心裡放不下；為了一件事，我心裡放不下；為了一句話，我心裡放不下；為了一樣東西，我心裡放不下。因為放不下，心裡就給人情、事物占據了，就會被壓得喘不過氣來。

其實，吾人對世間上的榮華富貴，不但要放下，對身心生死，也都要能放下。一位年輕的小姐，在禪堂裡參禪，有人來轉告她，說已考取了留學的獎學金，她即刻想到禪者的「不管他」、「放下他」，當下豁然大悟。

蘇東坡雖然自認對參禪頗有體悟，但是他對佛印禪師一句責罵他的

「放屁」，他不能放下，所以做不到「八風吹不動」，因此才被「一屁打過江」，這都是不能放下，故而不能入道。

做人，因為有「我」，如禪者開導世人，每天拖著一個死屍東奔西跑，如此不肯放下，是何等辛苦！所以，做人應該要像皮箱，用時提起，不用時放下；當提起時提起，當放下時放下，唯有放下，才能自在。

有一首形容彌勒菩薩的詩偈云：「大肚能容，容卻人間多少事；笑口常開，笑盡天下古今愁。」

做人若能像彌勒菩薩一樣，大肚能容，何愁不能放下自在！

《人間福報》二〇〇一年六月二十四日

認識自我

「我認識美國總統」、「我認識英國女王」、「我認識諾貝爾獎的某某先生」、「我認識電影明星」！儘管你認識了天下的英雄好漢，但是，你不認識自己！

我認識我的家鄉父老，我認識當代的社會中堅，我認識現代政治圈中的人物，我認識工商界的許多朋友；但是，還是那一句話：你不認識自己！

一個人到了不認識自己的時候，實在是最大的悲哀！你說，我也做過身體檢查，體重、身高、腰圍、肩背等，那是形相上的；真正的，你的個性、你的膽量、你的忠誠、你的毅力、你的聰明才智、你的責任觀念、你的感情、你的心理，你有把握不變嗎？可見你還是不認識自己！

就算你認識自己的故鄉，你的故鄉就是那個方圓幾十里嗎？你認識很多的朋友，你在人間只有那幾個朋友嗎？你認識你所從事的事情，你一天工作八小時，一生一百年，那就是你自己嗎？你說，我認識我的親人！誰是我的叔叔伯伯？誰是我的父母兄弟？誰是我的兒女親家？你就只有認識這幾個人嗎？你說你認識自己，實在說，你認識的太小了，你認識得太少、太狹義了！

宇宙你認識嗎？地球你認識嗎？地球上的山川河流、大地森林，你都認識嗎？你有認識你的眼睛眉毛嗎？你有認識你的鼻孔嘴巴嗎？你不認識你的五官，因爲你沒有認識心；沒有認識心，你就不會認識自己。

因爲，大至宇宙虛空，小至微塵剎那，都通之於心；心不明，對一切就愚昧無知。

由於你不認識自己，因此就不能認識世界。要認識世界，你必須先要認識自己；要認識自己，便要認識自心！認識自心，你的心是善良的呢？還是邪惡的呢？是清淨的呢？還是染污的呢？是光明的呢？還是黑暗的呢？是大公的呢？還是自私的呢？是自在的呢？還是束縛的呢？是貪瞋的呢？還是慈和的呢？是正知的呢？還是邪見的呢？你不把你的心盤算好、治療好，心中的問題沒有解決，就是不認識自己；不認識自己，又怎麼能認識別人呢？

《人間福報》二〇〇一年六月二十五日

理路清楚

世間上的人有多種：有聰明的人，有愚笨的人；有的人有知識，有的人沒有知識。高官顯要，巷陋村民，地位高低都不值得計較；最應該計較的是，看他做人是不是「理路清楚」！

一個理路清楚的人，是非善惡，事理對錯，人事的好好壞壞，在他都會條理分明；理路不清楚的人，以是爲非，以非爲是，以善爲惡，以惡爲善，好像明鏡蒙塵，又像霧裡看花，哪裡能知道事實的眞相呢？

俗語說：「有理走遍天下，無理寸步難行。」世上有好多的人，由於理路不清，所以一生都和人吵吵鬧鬧，紛爭不斷。

有人說，寧可和有理的人吵架，也不和無理的人講話。因爲肯得講理，打架之後，是非好壞也會有個水落石出；如果不講法，不講理，這個社會大眾，對你的做人怎麼能輕易的認可呢？

學校的教育，從小就要算算術、學數學，並且列爲必修的科目。常有人說對此沒有興趣，但這不是興趣不興趣的問題，因爲數學、邏輯，它就是個理則。一加一等於二，你就不能等於三；一杯水，你就不能說是一盆水。大小、多少、廣狹、輕重，都有理則；理路不清的人，把理則顛倒，以輕爲重、以重爲輕，以大爲小、以小爲大，當然就會以是爲非、以非爲是，以善爲惡、以惡爲善，是則理路不清的人生，就非常地可怕了。

人，出生長大以後，第一件要做的事，就是入學讀書；讀書，就是

爲了要明理。但是現在的讀書人，只懂得知識，並不明白道理；理不明，居家則和家人難處，做事則與朋友難以共事。甚至有些做主管的、爲官主政的，不都是因爲理路不清楚，最後爲人民、屬下所唾棄，甚至被趕下台的嗎？所以，吾人可以沒有土地、沒有金錢，甚至沒有知識學問，但是不能不「理路清楚」喔！

理，不是個人的；理，是大眾公認的。理，是有普遍性的、有平等性的；理，是必然的法則。宇宙世間，天有天理，地有地理，物有物理，事有事理；吾等做人，更不能沒有人理喔！

《人間福報》二〇〇一年六月二十六日

燒金銀紙

愼終追遠，這是中國固有的美德！在中國民間，有燒金銀紙來表達對逝世的親人關懷、孝敬之意的習慣。

在中國大陸，用銀色的錫箔，紮成元寶，對亡者表示敬意。也有一些地方，用紙印上「往生咒」，認爲可以作爲亡者經濟上的補助。台灣更是簡潔明了，就在一張金黃色的紙上，貼一個金銀的錫箔，認爲燒給亡者，就可以當錢用了。

燒金銀紙，多少年來已在台灣蔚成習俗。尤其台灣的廟觀，用金銀紙燒給神明，大批大批的，甚至幾天幾夜都燒不完。

有人說，燒金銀紙製造環境污染，而且太過浪費，就和抽菸一樣，都是浪費社會的資源。所以，有的佛教道場就喊出「不燒金銀紙」，改爲「樂捐功德金」。

但是，近年來，燒金銀紙又再擴大而爲燒紙紮的房子、紙紮的箱子，甚至還有紙人、紙馬；更有甚者，燒紙紮的摩托車、紙紮的汽車等。

此中，有的人就是因爲發生車禍而亡者；在陽間因車禍而逝世，到了陰間，你又給他汽車，萬一再出車禍，你要他往生到什麼地方去呢？

甚至於許多的房子、人、馬，你燒了以後，如果陰界的亡者眞的能夠受用，但是你沒有給他很多的土地，你要他把房子、人、馬安置在什麼地方呢？這都成爲這許多民間習俗惹人爭議的地方。

當然，佛教主張只要一束香花，幾碟素果，就是表達對先人最大的敬意。但是對於燒金銀紙，佛教並無人對此提出批評、排斥，反而是西方人士對於中國的這些民間習俗，認為實在是非常的怪異。

西方人士認為以一束鮮花來祭拜亡者，是最莊嚴、合適的了；佛教也非常認可。但是，無論用什麼方式來表達對神祇、冥界的敬意，其實不必議論誰對誰錯？誰是誰非？這些都只是聊表世人的一份心意而已！只是，隨著時代的進步，對於一些民俗祭禮，實在也應該做一些適合現代的改良。例如，以提供獎助學金來贊助青年學子、幫助傷殘人士、布施社會公益、助印善書報刊等，以此功德來回向神祇、冥界、先人，不是比燒金銀紙還要來得更有意義嗎？

《人間福報》二〇〇一年六月二十七日

清白人生

人生有多種的分類，有貪吝的人生，有喜捨的人生；有罪孽的人生，有道德的人生；有智慧的人生，有愚癡的人生；有利人的人生，有自私的人生；有醜陋的人生，有善美的人生。人生的分類，眞是千奇百怪，不一而足。

人生，也有多種的心態，有的人一生當中，總是念念想要貢獻國家，有益於社會，總想能對家庭親友有一些貢獻；但是也有一些人，一生當中就是希望得到別人的利益、他人的幫助與施捨。

有的人謹言愼行，深怕得罪了別人；有的人貪贓枉法，害人爲快樂之本。有的人只想耕耘，不問收穫；有的人不肯播種，只想聚斂。有的人希望安貧樂道，有的人希望榮華富貴；有的人山居生活，享受清風明月；有的人十里洋場，陶醉在紙醉金迷之中。

有的人，父母子女，宣布脫離關係；有的人，他鄉異客，結爲兄弟親情。有的人，一生都給人懷念，常思親近；有的人，一生都給人厭惡，常想遠離。

看世間的人生，多少的忠臣有道君子，也有多少的奸佞自私小人。多少人把自己奉獻給社會，從事公益；多少人在人間混水摸魚，只想到一己的利益。人生種種，總覺得清白的人生最可貴。

所謂清白的人生，例如：顏回的「一簞食，一瓢飲，在陋巷，人不堪其憂，回也不改其樂」；曾子的「寧可正而不足，不可斜而有餘」；

林覺民的化小愛爲大愛，范仲淹的以天下蒼生爲念；岳飛的精忠報國，文天祥的浩然正氣，這就是清白人生。

佛教的「將此生命，布施眾生」，儒家的立功、立德、立言「三不朽」事業，甚至春秋戰國的四君子、清末民初的六君子、晉朝的竹林七賢、漢朝的商山四皓，乃至古代民間的二十四孝等；如果念念在利益世間，念念在造福大眾，所謂「但願人人安樂，人人幸福，不爲自己計較，不爲自己貪圖」，這就是清白的人生。

人生在世，多少的追逐，多少的營求，但是到了最後，有的人概歎自己一身的罪孽；如果能夠消除罪孽，像石灰一樣的留得一些清白在人間，如此也就不枉來世間走一回了。

《人間福報》二〇〇一年六月二十八日

不知道苦的危機

現代人最大的進步，就是有「危機意識」！不知道危機的人，醉生夢死，當真正苦難來臨的時候，一點預防都沒有，所以過去古人「重門擊柝」，就是爲了要有防備。

苦，是人生的實相，只要生活在人間，沒有人不經過苦的磨鍊。天氣有寒冷炎熱的苦，飲食有飢餓飽漲的苦，人情有冷暖好壞的苦，世間終有生滅變化的苦。如果不知道世間之苦，就好像不知道天高地厚，不知道人情輕重。

知道苦，就會有所預備。健康的時候，要知道生病的苦，年輕的時候，要知道老來的苦；知道苦，縱使苦來了，能夠知己知彼，也好解決問題。

人生活在春夏秋冬的時間遷流中，會感覺到無常之苦，所以應該珍惜人生，爭取時間；應該做的事，要及早把它做完，不要一旦無常到來，抱憾歸去，就太可惜了。

人生有生老病死的無常之苦，假如能夠及早預防，知道老邁，就要珍惜青春；知道老病，就要「與病爲友」。甚至能夠視死如歸，早有準備；即使面對死亡，又何必畏哉！

人，應該知道東南西北，四方廣大，不易周全之苦；能夠懂得「失之東隅，收之桑榆」，就能建立「悟得心空及第歸」的修養。

戰國時代的唐雎說：「事有不可知者，有不可不知者；有不可忘者，有不可不忘者。」所謂「人有德於我，不可忘也；人之瞋我也，不可不知也。」所以，在人情上，我們有可知，有不可不知者。別人已經在心裡不高興我了，我懵懂無知；人家嫌我無禮，我也不知道人家在生我的氣。不知道人情冷暖，不知道世間危難，實在是危險的人生。

天將下雨，就要準備雨傘；得知大風雪即將到來，就要事先儲糧。社會經濟風暴，就要懂得儲財；人心險惡，就要知道對人尊重。如果一切懵懂無知，後果來臨，不堪設想。

語云：「知人知面不知心」；其實，世人更是「知世知樂不知苦」。知苦是學道的增上緣，人在世間上，所謂輝煌的成就，是要經過多少辛苦的奮鬥所得；不知道苦，就不懂得精進。因此，富貴學道難；知苦，才能不為世道洪流所淹沒。知苦的重要，由此可見。

《人間福報》二〇〇一年六月二十九日

偶像

你有拜偶像嗎？偶像，有一種是形式上的偶像，有一種是觀念上的偶像。可以說，每一個人都有偶像的崇拜；不崇拜偶像，形式上的、觀念上的偶像都沒有了，則人生何所依附？

基督教的十字架，是偶像；天主教的聖母，是偶像；佛教的觀音、地藏，也是偶像；甚至於民間的媽祖、城隍、土地、關公，也都是偶像。

家庭的正廳裡，掛了一張父母的照片，居家的正堂上，安了一座先人的牌位；管你用紙寫的，用木刻的，甚至於是金銀銅鐵所雕塑鑄造，

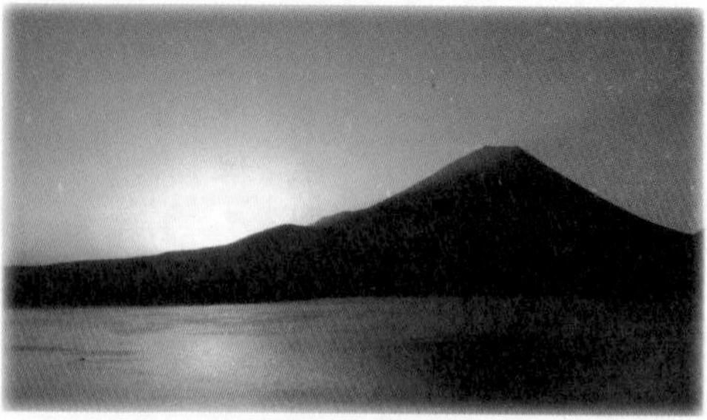

都是偶像。

偶像樹立了，你向他鞠躬行禮，你向他上香獻花，你不會想到他是木頭，或是一張紙、是一個鏡框架；你一定想到他是你精神上所崇拜的對象。這一種崇拜，讓你能夠見賢思齊，讓你能夠永遠紀念，讓你能夠追思懷想，讓你能夠效法學習，讓你能夠和他接心，這就是形式上的偶像觀念。

假如我們要問，你崇拜什麼人？你信仰什麼樣的道理？你說我崇拜周公，我崇拜杜甫，我崇拜孫中山；周公、杜甫、孫中山，就是你心中的偶像。

你信仰什麼？信仰慈悲、道德、正義、公理；慈悲、道德、正義、公理，就是你心中的偶像。

偶像的信仰和觀念好不好？太好了！沒有偶像信仰，沒有偶像觀念的人生，實在是太可怕了。一般的耶教徒都說不拜偶像，但是如果你將他父母的照片在他面前撕碎，擺在地下踐踏，你看他會無動於衷嗎？可見得那一張照片，已經不是一張紙，而是他心中的父母，這就是偶像的觀念。

我們應該建立偶像的觀念，讓我們有個榜樣、有個偶像可以效法，可以學習，可以尊敬。古今的聖賢，只要他有德、有能，對人類有貢獻，都可以成為我們的偶像；甚至於我們的父母，不都是兒童心目中的偶像嗎？

《人間福報》二〇〇一年六月三十日

獨家新聞

一般大眾傳播媒體，都希望刊登「獨家新聞」，常常爲了一則「獨家新聞」，不惜揭發他人的隱私，或者使他人受到二度的傷害，令人不禁要問：如此罔顧職業道德得來的「獨家新聞」，意義何在！

獨家新聞之外，有時爲了頭條新聞，爲了焦點新聞，也是不惜一切的去挖掘小道消息，總希望自己所報導的新聞，能夠「聳人聽聞」，以增加銷路。

反觀西方國家的記者，對於有些社會消息，雖然可能成爲獨家新聞，例如有人跳樓、投水自殺等，他也不肯報導。爲什麼？因爲怕有人效法，引發社會不良的效應。

其實，社會上每天所發生的新聞，內容很多。有政治性的新聞，有財經性、文教性、藝術性、醫療性的新聞；凡是日常生活中所發生，或是一些校園、社團的新聞等，都是屬於正常的傳播媒體所報導的內容。但是也有一些媒體盡刊一些不當的新聞，例如專門刊登八卦新聞、內幕新聞、花邊新聞等，這就需要愼重處理了，否則雖然滿足了社會大眾的好奇心，往往也因此讓社會人心受到了另一方面的傷害。

現代一般人看新聞，有的人喜歡國際新聞，因爲有宏觀的視野，有關懷世界的動態，當然他會希望國際新聞愈多愈好。但是也有人喜歡本土新聞，因爲和他有切身的利害關係，例如刊登的影視明星是他所熟悉的，刊登的政治人物是他平常所知道的，刊登的地方建設是他所需要的，甚至於天氣預報、股市漲跌、人文動態等，都是與他的生活息息相關，當然為他所關心了。

但是，現在台灣的媒體，平時所注意的都是一些殺盜、搶劫、縱火等刺激性的社會新聞，因此有許多人都抱怨說，每日打開電視，第一條新聞不是殺人搶劫，就是車禍死亡，或是家庭暴力；打開報紙，第一版也莫不是驚聳駭人的顛覆新聞。

對於這樣的新聞文化，個個都在怪傳播媒體，不知要負起社會教化的責任，反而帶來負面影響。但是怪的人，一面怪一面自己又喜歡看這些負面的消息，致使許多新聞從業人員不得不投其所好，拼命報導一些刺激讀者感官的新聞。如此一來，讓台灣一些善良的民族本性受到嚴重污染，影響所及，較之吸食鴉片之害，尤有過之。

因此，所謂獨家新聞，意義何在？新聞從業人員能不慎思乎！

《人間福報》二〇〇一年七月一日

福氣與福報

福報，這是人人所希求的！人的身體胖了，就說「你發福了」！人的事業做得很成功，就說「你發達了」！人住的地方，也說「福地福人居」！一般的人都把福與財比在一起，但實際上，福德、福慧，才是更為重要！

現在的人，有時彼此相見，就說你很有福氣，你很有福報。說到福報，本報就是為了人間需要有「福報」，我們才每天把《福報》送到每一個人的家裡。

什麼是福報呢？一直有人對我們感謝，對我們讚美，對我們說好，這就是我們的福報。做事一直非常的順利，非常的如意，一直得心應手，這就是福報。平安、吉祥、消災免難，這也是人人所希求的；能夠如願，就是有福報。

有了福報，辦事無有不成；所謂「心想事成」，就是福報！但是，福氣就不同了，有的人兒女很多，我們就說：你很有「福氣」；這表示有「福」也有「氣」。錢財多了，你有「福氣」；「財」和「氣」也能與「福」搭上關係。土地很多，事業很大，有人也讚歎說：你很有「福氣」。照此看來，有福報是完美；有福氣是不究竟的。

就拿現在台灣的社會來說，連戰先生雖然競選總統失敗，但還是有人說他是一個有「福報」的人；陳水扁雖然當選總統，但人家都說他總統難爲，是個有「福氣」的人。

王永慶、許文龍，他們富甲全台，但是他們到大陸投資，王永慶的發電廠、許文龍的鎮江奇美，招來多少的麻煩，眞是有「福」也有

「氣」。所以如何把財富變成福報，把兒女轉爲福報；只有「福報」，沒有「福氣」，那人生不是何等清閒自在嗎？

世間上，有很多人家財萬貫，子孫滿堂，關係企業多家，看起來是很有福氣，但每天的日子非常不好過；也有的升斗小民、低階的公教人員，甚至一些勞工、農商、清苦之家，卻生活得非常自在。有的人悠遊林泉，逍遙於山水之間；有的人義工勞動，助人爲樂，那不是很有「福報」嗎？甚至有的人寧可在家裡享受「福氣」，但也有的人從事慈善，過著信仰的生活，那就是享受「福報」。

「福報」與「福氣」，一字之間，差別大矣；希望享有「福報」的人，就請先來學會如何轉「福氣」爲「福報」吧！

《人間福報》二〇〇一年七月二日

剩菜的故事

剩菜的故事是說：一個小康家庭，父母生了三個兒女，丈夫工作，兒女讀書。丈夫一回到家，都跟太太說：「你眞幸福，一天到晚在家沒有事做，我在外面爲公家忙，每日事多心煩。」太太忍受丈夫經常這樣的說法，以女人的美德，沉默應對；兒女在各個學校讀書，回到家裡便一直叫著、嚷著，要吃飯、要休息，說自己在學校裡讀書，如何的辛苦、如何的忙碌，甚至怪媽媽說：你在家裡都沒有事做，那曉得我在學校的辛苦。

一日遇到假期，女主人跟先生和兒女說，要回娘家探望家人，請假一天，家務就請家人代勞。先生因爲是一個科學管理專家，即刻下令自己負責這一天下廚料理三餐；十七歲的大女兒要負責揀菜、洗菜，準備碗筷開飯等；二兒子負責庭園樹木澆水，掃院子裡的落葉；十三歲的小妹，因爲年齡小，就負責擦桌掃地，整理環境。

一天下來，男主人和三位兒女腰酸背痛，每個人都大喊吃不消，家務太多了。這時大家忽然想起來，我們四個人的工作，媽媽在家都是一個人做！這才感覺到當初怪媽媽太閒了，都沒有事做，是錯了。媽媽很忙，媽媽很偉大，一家人這時才體會到，做一個家庭主婦，是非常的不容易啊！

時間飛快，女主人就即將要過六十歲生日了，兒女們要爲平日持家辛苦的慈母，舉行一個祝壽活動。全家集合商量，要選一個什麼樣的禮物給母親呢？大家想想，幾十年來每個人都添置衣服物品，只有媽媽總是說不要不要；要想辦一桌好的筵席來邀請母親，但是也有人說媽媽不喜歡吃那許多菜。大家研究再三，小弟說：「媽媽最喜歡吃剩菜了！在媽媽生日的這一天，我們就把留下來的剩菜給媽媽享用好了。」

六十歲的壽誕到了，先生和兒女們笑著對媽媽說：「妳每次都說最喜歡吃剩菜，因此我們也只有用剩菜來給妳歡喜，來爲妳祝壽。」媽媽含著眼淚對著他們說：「數十年來，我就是喜歡吃剩菜。」

一段剩菜的故事，內心包含了多少的曲折，多少的內幕；慈祥的母親，偉大的女性，所謂家庭主婦，就是這樣過了一生。

人間最偉大的愛，要體諒別人，要了解別人的辛苦；在社會上是不容易看到這種美德，在一個家庭裡，夫妻、兒女們，對家人總應該多些體諒吧！

《人間福報》二〇〇一年七月三日

俗氣與道氣

人爲什麼要讀書?讀書的目的如果只是爲了要求取功名富貴，這是下等的目標;讀書，爲了變化氣質，學習聖賢，這才是眞正的目的。

你看，有的人一眼看去，就知道他有學問、他很斯文、他有道氣;這是由於學問改變氣質，產生了作用。但是也有的人，就算有點知識，但由於他做學問沒有承受到變化氣質的效果，因此從他的長相、動作、出言吐語，都會讓人覺得他是一個非常俗氣的人。

《水滸傳》是一部家喻户曉的民間小説，一般人對《水滸傳》的評語，都認爲裡面的人物刻畫得極爲生動、成功。的確不錯，《水滸傳》裡的一百零八條好漢，你不必提到名字，光從書上描述他穿什麼衣服，手拿什麼武器，走起路來的樣子，說話的聲音等，你就會知道，他是黑旋風李逵，還是行者武松、智多星吳用、花和尚魯智深。

如果是《三國演義》，你看到身騎赤兔馬，手提青龍掩月刀，口說「俺來也！」不用問，那一定是關雲長駕到。如果有一個手提丈八點鋼矛，像黑羅剎降臨，威風凜凜，殺氣騰騰，不用看你也知道，這一定是張飛到達了。如果是手持羽扇，座下獨輪車，身穿八卦長袍，不用說，那是臥龍先生諸葛亮出場了。

同樣的，我們提到儒家的曾子、子思、顏回；佛教的阿難、舍利弗、須菩提，我們聽到這些名字，就好像看到他們的樣子，就知道他們是有道氣的人。

此外，小丑形的人物，例如唐朝的高力士、來俊臣，明朝的魏忠賢，清朝的李蓮英，我們一聽到這些人的名字，就會覺得這是一群俗不可耐的小人了。

周公、孔子提倡禮樂，就是鼓勵人生要有道氣；一些黑道的幫派領袖，不懂得道氣，只以爲霸氣、兇氣就能服眾，所以這一幫人也就免不了都要成爲俗人了。

孟子要人養氣，佛教要人養心；所謂出眾，三千威儀，八萬細行，一舉手，一投足，都像法界隨心，天地合一。這樣的人，不用說話，就會讓人感覺到這是有道氣的人，是正派而且有學有慧的人。反之，一個俗氣的人，不用出言吐語，光從他的衣飾、動作、表情、眼神，就讓人覺得俗不可耐。

所以，吾人學習成長，要有道氣；道氣和俗氣，分別就是那麼的大喔！

《人間福報》二〇〇一年七月四日

地球人

「天涯若比鄰」，這個世界將成為「地球村」，我們都是「地球人」！

地球村裡，雖然有許多的國家，許多的種族，許多的文化，許多的語言，但不會妨礙地球村的發展。例如，全世界的國家、城市、鄉村，都有所謂「社區」的結構。在一個社區裡，有許多的家庭，許多不同的姓氏，許多不同的年齡，許多不同的飲食習慣，許多不同的信仰，許多不同的個性，許多不同的性別，許多不同的語言，但都不妨礙社區的和諧。

從一個社區擴大到一個地球村，其道理不都是一樣嗎？只是，有一些落後的文化，趕不上時代，製造地方的情節，製造種族的問題，分別大國小國，分別各種衣食住行不同的文化，所以造成人與人之間的矛盾。但是，現在世界天下一家的理念，風氣所至，這許多落後的思想、觀念，必定會受到排斥，受到淘汰。

我們從許多科學家對太空的研究，以及從電視上看到許多星際的戰爭，假如宇宙虛空有更多的星球，有更多不同的眾生，那麼地球村裡的人民，必定要團結聯合，否則必然不堪其他星球人士之一擊。

就如上古時代的人民，都是以部落爲中心；從部落而到種族，而到諸侯，慢慢形成一個小國。有識之士廢除了小國，成爲一個大國。美國當初不也是發生過南北戰爭嗎？現在的歐洲共同體，聯合一致，則未來地球上的五大洲，勢必就像一個村莊裡的户口，成爲第一號人家、第二號人家、第三號人家……。

從現在的時代發展來看，環繞地球一周雖然是數十萬公里，但是乘坐噴射客機，幾乎是朝發夕至。這正如西方極樂世界，所有的人民從早晨餐後，「各以衣祴，盛眾妙華，供養他方十萬億佛」。

極樂世界的人每天遊走許多國家，心念所想，如願所成。這不正像現在的電話、電腦資訊、遙控、E-Mail，不都是已經把地球上的人聯結得愈來愈近了嗎？

所以，吾人要生存在今後地球村來臨的時代，我們必需要人人擴大心胸，包容一切的國家，包容一切的民族，包容一切的眾生，大家如兄如弟；如果你沒有擴大心胸，今後這許多的國家、民族，你將把他們如何在你心胸之中，安放在什麼地方呢？

《人間福報》二○○一年七月五日

上癮

在中國的文字用語裡，「上癮」這個詞彙，好像指的都是不好的事情。例如，吸毒的人，「上癮了」；嗜酒的人，「上癮了」；好賭的人「上癮了」。上癮之後成爲習慣，便不容易改除了！

古人對於酒色財氣，一直諄諄的教誡青年，不可以接近；因爲「近朱者赤，近墨者黑」，萬一沾染上了酒色財氣，等到上癮以後，就不可挽救了！

世界上，有一些國家對於販毒、販賣私酒、賭博等，都以嚴刑峻法遏止，甚至判處死刑。但是爲了一些上癮的人之需要，一些人間的敗類，前仆後繼，如飛蛾撲火般，不去陷身火坑，不弄到身敗名裂，誓不甘心。

隨著時代的日愈發展，現在社會上又多了一些新的「癮君子」，例如看電視、電影，看了成癮；看跑馬、賭博，也可以上癮；甚至賴在電腦網路邊上，成癮了。

世間上任何一件事，即使本來是好事，一旦著迷，陷入到無法自拔的地步，就叫做成癮；成癮之後，什麼好事都會增加人間的缺陷。例如吸毒，這原本並沒有犯刑事罪，只能算是身體上的毛病，身體需要有這種毒品來痲木，這本來是個人的事，也犯不著國家來爲你操心。但是，個人也是國家、社會、大眾的一環，個人的毒癮所致，影響到吸毒、販賣、製造，讓全國的人民也都染上了毒癮。甚至一個人吸毒成癮，不但家門的榮耀，個人的健康、名譽、經濟都因此受到危害，最後國家也會因你而產生許多的問題。

現在的國家社會，每天都有許許多多的問題發生，其實政府也難爲啊！所以不得不對一些瘋狂上癮的事物加以禁止，加以疏導。

人，難免會對某些事、某些東西有所偏好，當一切還沒有上癮之前，那是吾人的嗜好。良好的嗜好，例如閱讀、旅行、社工、郊遊、集郵、養鴿、體育、運動等，這些有益身心健康的嗜好未嘗不好；但是有很多不好的習慣成爲嗜好，例如好吃、懶惰、遊蕩、電玩、飆車等，如果不加以疏導，接著就會有很多不當的行爲接踵而至，所以不能不防患於未然。

最好，吾人平時應該在信仰上，在道德修養上培養力量，以此力量來阻擋一些不當的嗜好所造成的癮害，這才是自救之道。

《人間福報》二〇〇一年七月六日

愛好公義

孟子見梁惠王。王曰：「叟！不遠千里而來，亦將有以利吾國乎？」

孟子對曰：「王何必曰利？亦有仁義而已矣！」

一個國家，在國際間能夠居於領導地位，受到全世界的尊敬，並非完全看這個國家的財富，主要的是看這個國家有崇尚仁義否？一個民族受人好評，也不只是看他的身高體大，而是要看他們有崇尚仁義否？一個愛好公義的國家，一個愛好公義的民族，一個愛好公義的社會，一個愛好公義的人生，那才是最大的價值。

世間上的人，在私利之前，都沒有公義；在親情之下，也不講公義；公義給一個「私」字矇蔽而不容易出頭。

社會、政府、甚至於團體中，個人只講究人我的關係，只講究利害得失，只講究私誼交往，只講究黨派集團，則公義就會黯然無光，就會被邪惡所掩蓋。國家沒有公義，則國家衰敗；社會沒有公義，則社會不振；團體沒有公義，不像團體；個人沒有公義，是爲自私小人，可見公義對人間的重要。

文天祥先生提倡「正氣」，正氣和公義一樣，如果被社會另外的烏煙瘴氣所矇蔽，人活在這樣的一個國家社會裡，也不會有多大的生活情趣。

公義是什麼？你雖然許諾我多少的利益，但我所做的事不合乎道德、法律，爲了公義，我不爲也！你雖優待我諸多的好處，但因不合乎道德、公理，我不爲也！再多的金錢買動我做泯滅良知的事情，我不爲也！再高的名位要我做有失人格的事情，我不為也！

所謂公義，要有正直，要有誠信，要有光明，要有利於他人；否則，沒有公義的商業不做，沒有公義的商品不買，沒有公義的語言不說，沒有公義的事業不做。公義是良心，公義是道德；大家都不講究公義，則國不成國，人不成人，這個社會還有什麼能存在呢？所以，國要成國，必需要有公義；人要成人，必需要有公義。

文天祥曰：「天地有正氣，雜然賦流形。下則為河嶽，上則為日星。於人曰浩然，沛乎塞蒼冥。」其實，這不但是正氣，也是公義。

所以，正氣是人間的精神；公義，又何嘗不是吾人頂天立地的價值呢？

《人間福報》二〇〇一年七月七日

生命馬拉松

「馬拉松」是希臘的地名。在西元前四九〇年，希臘的軍隊大敗波斯的軍隊於馬拉松。當時有一個叫裴德匹第斯的人，從馬拉松快馬送捷報到雅典，以短短數小時的時間，竟然奔馳了四十二公里之遠，報告完畢，立刻力竭而死。一直到西元一八九六年，希臘雅典開辦奧林匹克運動大會，特別設立了一項「馬拉松競賽」，距離爲四十二公里三八五碼，馬拉松從此列爲世界長跑運動的項目。

馬拉松賽跑，這是一場耐力的競賽，賽程又長、又遠，因此跑者不

但速度要快，而且要有耐力，才能取得最後的勝利。所以說，生命馬拉松，看誰活得久？

生命的馬拉松，所謂「人生六十稱甲子，眞正歲月七十才開始，八十還是小弟弟，九十壽翁多來兮，百歲人傑不稀奇。神秀一百零二歲，佛圖澄大師還可稱做老大哥，多聞第一的阿難陀，整整活了一百二十歲，趙州和虛雲，各自活了二甲子，菩提流支一百五十六，其實人人都是無量壽，生命馬拉松，看誰活得久？」

其實，生命的馬拉松，也不只是要跑得遠、跑得久、耐得住；另外有一項重大的意義，就是要跑得有成就，這才是最重要的。

在馬拉松選手奔跑的時候，我們看他器宇軒昂，勇氣百倍，雄糾糾，每一個人都有得冠的希望。及至上路，有的超前，有的在後；有的振作一時，超越前人，有的洩氣，漸漸落後。當然，有的選手雖是汗流浹背，全身熱氣蒸騰，但仍然邁開步伐，勇往向前，一直到達目的地，才算是完成任務。

我們的人生亦如馬拉松賽跑，青年的時候意氣風發，覺得捨我其誰？及至經過了一段賽程的考驗，到了壯年，自己是殿後，還是超前，結果已經明朗化了。

但是，不向生命馬拉松低頭的人，還是會奮勇賣力，總希望自己有突圍的機會。只是，有的人一路跑來，眼看多人超前，自己殿後，欲振乏力，只有感歎自己力不如人；此時不免自怨自艾，灰心喪志，甚至中途放棄，令人惋惜！

然而，也有的人具有運動家的精神，他雖然是落後了，仍然奮力向前。正如我們的人生，當我們參加了人生馬拉松的競賽，人人都應該具有運動家的精神，要能持久不懈，即使落後，還是可以奮力追趕，堅持到底，雖不能獲得第一、第二名，至少也要把全程跑完，這才是人生最大的意義。

《人間福報》二〇〇一年七月八日

打破僵局

你有和別人鬧彆扭嗎？彼此的僵局怎麼解開？你在與人共事的時候，相互執著，彼此怎樣打開僵局呢？

有人善於打開僵局，所以凡事一笑泯恩仇，沒有解不開的爭執；有的人些許小事，造成尷尬的局面，使局面越來越僵，到最後不可收拾。

假如你與人常有僵局的場面出現，僅提供你一些解決僵局的方法：

一、凡是僵局出現，應以低姿態來緩和僵局，不要抬高架勢，盛氣凌人，那會造成僵局越來越僵。

二、僵局產生的時候，先自我認錯，即使先道歉也不失爲君子風

度。肯得認錯道歉的人，並不代表一定就是輸家；反而強詞奪理，氣勢凌人，才會增加別人對你的鄙視。

三、雙方因意見不合造成僵局，你不妨讚美對方，讓對方感受到你的善意，僵局也就不難解開了！

四、僵局的發生，大都是因爲利害得失，斤斤計較；假如適時的退讓，則必然峰迴路轉，自會打開僵局。

五、如果對方先存成見，不妨先跟他招呼；例如：「請坐」，或者倒一杯茶，對其噓寒問暖，則寒冬必能化為春天的來臨。

六、笑容、親切、風度、禮貌都是解決僵局的不二法門。所謂「舉拳不打笑臉人，惡口不罵讚美者。」春風吹來，寒冰還能不破解嗎？

七、知道對方對我們存有芥蒂，不妨先以電話紓解；或者請他信賴的好友從中解釋，以便消除僵局。

八、有意無意之間，在背後說其好話稱讚其人，由他人不著意的、婉轉地傳入對方耳中，可能會收到打開僵局的效果。

人與人之間相處，誤會僵局都是難免的。就算是夫妻，也有冷戰的時候；假如形成僵局，只要有一方肯陪個笑臉，說一聲：「親愛的！就算你對好了！」僵局必能化解於無形。佛教裡，三皈五戒的弟子，都曾經許諾過自己是佛；既然是佛，我是佛，我還要跟他計較、劍拔弩張嗎？我多說

幾句好話，我甘願多受一些委屈，有什麼樣的僵局不能解開呢？

巧匠對於再難開的鎖，他也能解得開；妙手所到，再難琢磨的玉石，他也能把它雕琢成好的器皿。眞正有智慧的人，再難化解的僵局，也沒有打不開的。比方說：「柔軟心」能打開僵局，「慈悲心」能打開僵局，點個頭能打開僵局，說好話能打開僵局；只要吾人熱忱，自然能溶化寒冰似的僵局。

能否打開僵局，就看你是不是肯吃虧？如能，那你就是一個打破僵局的高手了！

《人間福報》二○○一年七月九日

早晚課

一個讀書的學子，除了學校裡老師教授的課業以外；在家中，早晨有早晨的背誦作業，晚間有晚間的自修功課，這是讀書學子的早晚課。

一個政治家和企業家，早上起來，會客、電話、指示秘書寫信、主持晨間會報等，總要把早課做好；到了晚間，批閱公文、開會議事、約人晚餐會談等，這是政治家和企業家的晚課。

宗教徒，即使在家庭生活，他也要起個大早，要把對信仰的承諾，對信仰的誠心，藉著誦經、禮佛，作爲自己的早課；晚睡前，他也會靜坐、冥想、祈願，做爲晚間的功課。

寺院裡的晨鐘暮鼓，終年不斷；寺院裡的僧侶，對早晚功課尤其認眞。在朝朝暮暮的早晚課中，他們的人格逐漸逐漸的昇華了，終於把人生帶入到另外一個超越的境界。

人的一生，有許多時間都是爲別人而忙、爲事業而忙、爲財富而忙，但是到了最後，平日所忙的都不是自己的。所謂「萬般帶不去，唯有業隨身」，自己今生所做的功德，不但今生爲自己所用，甚至延續到來生，成爲建設幸福快樂人生的資糧。所以，爲什麼我們不能每日撥出少許的時間來爲自己而忙呢？

現代人，每日有每日的行程，甚至明天的、下個月的、明年的，都排列在預定的行事曆之中，此即計劃人生。凡是有計劃的人生，除了正常的工作之外，都要爲自己添加一個定時的早晚功課。因此，我們希望社會各界的人士，都要為自己訂早晚課。早上的賴床、懶散，以及躺在床上看報，都不是最好的早課；晚上的宴會、娛樂、舞會等，更不是最好的晚課。

今日吾人應該想到曾子的「吾日三省吾身」，袁了凡的「每日功過格」；乃至多少學者名流，他們早讀書、晚寫作，或是晨學英文、夕練書法，或者晨背古德嘉言、晚誦進德座右銘，以此定為自己的早晚功課。

吾人每日清晨，頭腦清醒，身心愉快，讀書誦經，學習語文，做各種計劃；到了晚上，反省、檢討、記錄一日所作，同時策劃、開拓未來的事業，多麼美好的夜晚。

所以，社會大眾，人人都應該確立自己的早晚課；早晚課並不一定是學生、宗教家所專有的喔！

《人間福報》二〇〇一年七月十日

求籤與法語

人到了迷惘的時候，就會想要算命卜卦，求神問行藏。神明有否管人間的窮通得失？算命卜卦眞能卜出吉凶禍福嗎？甚至神廟裡的求籤，有所謂的上上籤與下下籤；神籤眞的能爲迷惘的人提供出路嗎？

明朝憨山德清禪師說：「拋卻身心見法王，前程不必問行藏；若能識得娘生面，草木叢林盡放光。」人生，要交代給因果，交代給自己；不要交給神明，不要讓神明來定自己的吉凶，不要請神明來做自家的顧問。

然而，人就是愚癡，自己對某些事情不能了知的時候，便想要請神明幫忙，神權因此就控制了人生。一個人的吉凶禍福，都有一定的因緣果報之關係，爲什麼我們不能自我了知，而要求助於神明呢？

求神卜卦、算命求籤；籤條最大的缺點，就是爲人定吉凶，也不考慮好事有好事的因果，壞事有壞事的因果。比方說，有人要辦一所學校，想跟某人購買土地，結果他說要求籤問神明，可不可以賣地給他？政府在某地修建一座橋樑，本來是一件好事，但經過社區村莊集眾反抗，認爲這是神籤的指示，這樣合理嗎？正如漢朝的賈誼說：「不問蒼生問鬼神」，豈不愚癡！

正信的佛教認爲，世間諸事，都有一定的因果關係，好有好的原因，壞有壞的原因；好的因必能有好的果，壞的因也必有不好的結果，此理不問自明。所以，佛光山爲了糾正社會大眾的迷惑，爲了幫助大家解開迷悟的情結，因此特別在佛光山設立「大佛法語」，也隨順求籤者列出六十條古德的開示。

法語最大的特點，不爲人斷吉凶，只爲人說明好因好事的因緣，惡行惡業的結果。我們希望藉助法語，能給無助的人一些方向。

其實，人生不是上上籤，就是下下籤。上上籤的人，升官發財，榮華富貴；下下籤的人，橫逆挫折，一生困頓。上上籤或下下籤，都不是神明所能左右決定，都是自己的行爲造作而來。因此，對於世間上迷惘的人，我們雖然寄予同情，但是我們希望大家徘徊在難定之間的時候，最好能自問：此事合乎道德否？合乎正義否？合乎公理否？合乎法律否？而不要一味的求籤問卜。如果再不能，你也可以問因果，問因緣；甚至就請你問問自己的聰明智慧吧！

《人間福報》二〇〇一年七月十一日

私房錢

你有私房錢嗎？不一定女人才有私房錢，男人也有私房錢，甚至國家幾個政要不讓人民知道秘密，他把錢儲蓄到瑞士銀行，那不是私房錢嗎？

婦女之所以喜好存私房錢，因爲她的金錢來路有限。她可能會想，要爲兒女將來的教育儲備經費；或是萬一丈夫的事業不順，家計的負擔，甚至老來的養老，她覺得都需要有一些私房錢比較安全。

男人存一些私房錢，他怕金錢全部給家人管理，用時不便；或者他想，雞蛋都放在一個籃子裡，風險太大，所以要有些儲蓄，以備不時之需。至於國家也存私房錢，那許多政客，什麼人什麼居心，就不容易知道了。

私房錢的儲蓄，有時候也有好處，例如，家庭、朋友，緊急需要時，或是急難救助，當四處告貸無門的時候，能將私房錢拿出來遞補，也是應急之道。或者當國家社會有所需要時，也能挺身而出，表示急功好義。

不過，有的人將私房錢存入銀行裡，只有個人簽字，沒有他人知道，這許多的金錢到最後都成爲銀行所有，無人知道。或者把私房錢放在秘密之處，因爲時間久了，黃金變色，鈔票潮溼，實爲一大損失。

有的人把私房錢寄存在朋友之處，交代要留給將來的小兒小女；但是朋友也會吞沒寄存，這也是常有的事。

當然，我們知道，錢一旦公開了，就不是自己個人所有。所謂「五家共有」，金錢不公開，多少冤枉錢都在私心、非法之下，成了冤哉枉也！所以佛教對金錢的看法，最好的處理方法是：錢，用了才是自己的！擁有金錢是福報，會用錢是智慧；會收藏、儲蓄，倒不一定就表示自己有福報和智慧。

人間為了一個「私」字，造成很多不合人情事理的行為，甚至於人民的私有制，也都造成很多社會的問題。例如，私房錢之外，私生子、私有地、私家車，因為「私有」因此不能跟人「共有」；私人田園、私人住宅、私人企業、私立學校、私家銀行，甚至有人假公濟私等。假如人人都能儲私為公，以公益、公道、公有、公享，所謂一切奉公守法，就算是私房錢，也要合法合理，要把私房錢成為善財、淨財，這才是重要喔！

《人間福報》二〇〇一年七月十二日

黑白二鼠

佛經中有一個故事說：有一個旅行的人，行走在曠野中，忽然見到一頭大象追趕而來。旅人心驚，急忙逃跑。可是四邊無處躲藏，忽然見一枯井，旅人即刻攀住井邊的枯藤而下。正當要落地時，卻見井底有四條大蛇，於是緊緊掌握枯藤，不敢垂下。就在此時，又見黑白二鼠啃囓枯藤；正當生死交關、千鈞一髮之際，有五隻蜜蜂在井口飛旋，滴下五滴蜜，剛剛好滴入旅人的口中。旅人嚐到蜂蜜的甜美滋味，一時竟忘卻了上下、左右、前後的危險。

這一個故事的寓意是說：大象是指「無常」的時光，無常一直在追著我們不捨。我們往枯井中躲藏，此枯井即爲「生死」之淵。四條大蛇就是組合我們人體的「四大」地、水、火、風。四大靠著生命線的枯藤，一時沒有被無常所囓，可是井邊的黑白二鼠，也就是「晝夜」時光卻不停地、慢慢地會把枯藤咬斷。此時五隻蜜蜂滴下五滴蜜，就是「五欲」的財、色、名、食、睡，此一旅人嚐到這些許的甜蜜，竟忘記了上下、左右、前後的危險。

古人說：「光陰似箭，日月如梭。」我們的生命不就是在日夜黑白二鼠的運轉之下，逐漸逐漸地走向無常嗎？

無常在佛教裡是一個眞理。世間上的事事物物，哪一樣不是受無常的控制呢？人生無常，大地山河也是無常啊！當然，無常可以變好，但無常更加容易變壞的啊！尤其，人生歲月的無常，好像我們在銀行裡的存款，爲數日日短少，年年蝕本；當存款用盡的時候，就看黑白二鼠肯不肯口邊留情了！

人生在無常的歲月裡，要好好地把握有限的時光，該做的要把他做完、做好，不要把未完的遺願帶到棺材裡去。

人生是很寶貴的，時間更是寶貴。人生難得，時光難再；可貴的人生我們應該要留一些什麼給人間呢？即使黑白二鼠在不停地啃囓我們的生命，但我們能把握擁有的時間，做自己應做的事；例如，對社會的公益，你盡了多少的力量？對於家庭，你盡了多少責任？對自己，你留下了多少美好的事蹟給人讚美？縱使黑白二鼠咬斷了我們生命的枯藤，但我們的精神、功蹟可以留傳在社會，至少留傳在家族、親友的心中。

人生每個人都應該擁有堅強的生命，一剎那可以做出永恆的事業；只要有志、快速，何懼黑白二鼠？

《人間福報》二〇〇一年七月十三日

問號的得失

有的人說話喜歡用問號（？），有的人說話喜歡用句號（。），還有的人說話喜歡用驚歎號（！）；甚至有的人說話喜歡用省略號（⋯）。

喜歡用句號講話的人，凡事總會給你一個交代或答案；喜歡用省略號講話的人，只要你虛心探究，也總能知道他的內容，用驚歎號講話的人，喜歡大驚小怪，虛張聲勢；唯有用問號講話的人，內容比較複雜。

問號，有時候是表示一種善意的關懷，會有好的結果；但是有時候問號也會產生不良的結局。例如，對人問安時說：你好嗎？你吃過飯了嗎？你近來如何？這些都是善意的問號。也有的人跟人請示：你對時局的看法如何？你對社會的經濟發展有何見解？你對核四的興建有何意見？你對現在立法院的表現滿意嗎？這些都是中性的，無所謂好壞。最可怕的就是責備的問號：你來這裡幹什麼？怎麼到現有還沒有做完？爲什麼花了那麼多錢？爲什麼吃那麼多東西？爲什麼今天遲到了？你今天怎麼起得那麼遲？用這種口氣對人說話，其結果就會有難以意料的結論。

有時候我們做人，成了一個問號的人物，這就非常麻煩了。例如：人家會問：他靠得住嗎？你能信任他嗎？他有資格嗎？他能擔當嗎？甚至因爲自己過去不良的記錄，也會成爲別人質疑的問號：他過去不是持反對意見嗎？他不是曾經對你有過不滿的舉動嗎？他曾經擅離職守你知道嗎？他曾經沒有完成任務你記得嗎？所以，一個人一旦變成問號人物，就很難令人信賴。

人，要經得起問號，在別人對我們的各種問難之前，我們都能給人正面的、滿意的答覆，這個人在社會團體裡，就比較能站得住腳了。

做人，也不要經常說些問號的話，肯定總比問號要好得多。有的人想找我們做事，我們馬上回答：你自己呢？你為什麼不做？人家跟我們借一本書，你可以說我沒有，但你偏要問：你為什麼不自己去買呢？向你借錢，你可以不借，但不能問：你老是借錢幹什麼？找你做事，你也可以婉言謝絕不做，但不可以說：你找我做，那你自己做什麼？這種問

號式的對談，就很容易傷害彼此的感情。

問話，要有藝術，有藝術的問話是尊重別人，是虛心客氣，是求人幫助，但不可用責備的口吻、責備的態度。你再好的意思，問話的時候如果含有責備、反詰，就沒有藝術了。

在《戰國策》裡，有許多君與君、君與臣、臣與臣之間的問答故事，乃至一些游說舌辯之士，在一問一答之間，都蘊含了無限的智慧，以及人際之間的倫理綱常。所以，我們與人說話，最好要學習和帝王的問答，要學習把對方均當成是老師、學者、專家，如此自能從對話問答中得出許多的智慧。

《人間福報》二〇〇一年七月十四日

睡經

適當的睡眠是休息，休息不一定是懈怠，休息是爲了要更精進的意思。人要吃飯，才有力氣；身體的結構，尤其眼睛，也要休息。眼睛以睡眠爲食；但是不當的睡眠，睡得過多，則是懶惰，是不好的習慣。

人的一生，正常的睡眠時間占人生的三分之一，可見睡眠的重要。但是有的人想睡睡不著，每晚在床上輾轉反側，直到深更半夜，了無睡意。第二天起床，沒有精神工作，可說痛苦不堪。

在佛教裡告訴我們，睡眠前可以盥洗，至少要洗腳泡足，促進血液的循環，就能容易入眠。或者觀想光明、默念佛號，不要讓憂煩的事情入心，便容易入睡。在床上靜坐五分鐘至十分鐘，看到心情平靜以後，再躺臥而睡，這也容易入眠。

睡眠的地方要保持空氣流通，溫度適宜，床褥厚薄適中；如果無法入眠時，可以輕柔細聲的用七音調念佛。或者用手指輕輕的在耳邊、腦額撫摸十秒至二十秒，如此也能幫助入睡。

如果因爲外境的聲音干擾睡眠，不必討厭，用心隨著聲音起伏；例如時鐘滴答、滴答，你不妨集中意念跟隨時鐘滴答、滴答，也能很快入眠。如果還是無法入眠，你可以倒數數目，從一百、九九、九八、九七、九六、九五數到一，再周而復始；要均勻、不可停留、不可錯亂，讓思想集中、精神合一，就能容易入睡。或者播放一段輕音樂，也容易走入夢鄉。

睡眠也不宜太多，每天應該讓身體有適當的勞動；但不要太過分地思慮，因爲思慮過多成爲妄想。除了適當的腦筋思慮、思想活動以外，身體的勞力作務，也能平衡發展；尤其到了該睡眠的時候，身心都要放鬆，讓它眞正休息，自然很快入眠。

所以，身體的勞作、活動，包括蒔花刈草、打掃清潔、慢步急行等，這些都是白天為晚間睡眠做好的準備。如果晚間可以閱讀古籍典章，學習外國語文，苦思工作計劃；有時候碰到重重難關，有待突破當無法衝過時，也容易入眠。

人，最好不要熬夜，經常熬夜成為習慣，當你想在正常的時間入睡，當然就難上加難了。難以入睡的人，都是因為生活起居作息無定，或者思慮過多、精神衰弱、妄想顛倒；假如我們忘記境界、忘記是非人我、發心睡覺，讓睡眠成為定時習慣，早睡早起、心思單純、工作有序，那就不怕不能入眠了。

如此「睡經」，不知大家會意否？

《人間福報》二〇〇一年七月十五日

人生加油站

汽車在路上行駛，到達一定的里程數，就要停下來加油，否則就無法繼續向前行駛；人生的道路，也要不停的加油，才能抵達想要到達的目的地。

人生的加油站在那裡呢？如果你懂得親近明師和善知識，明師、善知識給我們鼓勵、給我們提示、給我們諫言、給我們指導，那麼明師和善知識就是我們的加油站。

如果你覺得自己的學識不夠，要到補習班補習，要參加某一些講習會，甚至辭職進修，再度入校學習；那麼這些補習班、講習會、學校，都是我們的加油站。

有的人，沉潛在圖書館裡，有的人，學習在寺院的藏經樓上；那許多的藏經樓、圖書館，都是我們的善知識，都是我們人生的加油站。

一座寺院完工，一間佛殿落成，就如設立了一座人生的加油站。你在人生的道路上，跑得疲倦了、煩惱了、受到委屈了，你到寺院裡、佛殿上，跪下來，經過佛力的加被，就像能源、汽油一樣，滾滾的加入到你的心田裡，你再往前方行走，加過油的人生，自然前途無量喔！

木材裡有火，你不鑽木也不能取火；你自心裡的能源，如果沒有佛祖爲你點亮心燈，所謂「千年暗室」，何以復明？

人生，不能少了加油站，就如人生不能少了善知識；人生不能少了圖書館、藏經樓，就如人生不能少了加油站！

呂蒙正、蘇東坡、謝靈運、王維、王守仁等，如果沒有信仰上的加油，如果沒有寺院的加油站，他們何能成爲一代大儒？現代的馬一浮、豐子愷、夏丏尊、梁漱溟等，不就因爲寺院容他們住了三年、五年，作長期的加油，而能成功的成爲一代學人嗎？

唐朝的六祖大師，受了劉志略的鼓勵、安道誠的獎助金，他得到了這些人給他的加油，自此如出海的蛟龍，人生不一樣了。明朝的朱元璋，他得到馬家小姐的資助，一如在加油站加了油，後面的人生就此飛黃騰達。民國的太虛大師，他得到蔣中正三千美元的捐助，展開環球弘法；太虛大師得到蔣中正這一筆香油錢的資助，終得成爲一個國際大師。

人生的道路漫漫，沒有隨時加油，何能順利走完全程。因此，每個人都不能少了人生的加油站喔！

《人間福報》二〇〇一年七月十六日

貴人在哪裡

在世間上做人，難免會有一些困難、挫折，總想意外的有個貴人來相助。我們的貴人在那裡呢？

有的人，寄望於家族裡有貴人。叔叔、伯伯、表兄表姊，固然也會成為我們的貴人；但是家家有本難念的經，我的困難挫折，一直要交給這許多的親族來為我擔待，這也不是長久之計啊！

有的人，把朋友當成是貴人。朋友中，確實也有有情有義的朋友；但是你有做朋友中的貴人嗎？你沒有做朋友的貴人，怎麼可以想要朋友來做你的貴人呢？

長官老師、社會慈善家，我們都希望他們成爲我們的貴人！他們也肯做別人的貴人，但是你的條件呢？一根木頭是可以雕成器具的材料嗎？一棵禾苗栽種以後，將來能夠開花結果嗎？就算社會上有很多的貴人，你有讓貴人給你幫助的條件嗎？

有的人找到信仰，寄望神明、佛祖，希望在他困難的時候，能夠助他一臂之力。假如佛祖知道你懶惰，知道你違法，知道你造業損人；他是一個慈悲清淨的聖者，怎麼肯助你這種非法的人士呢？

貴人在那裡？實在說，自己就是自己的貴人！任何人有了困難，有

了挫折，必須自己找出原因，所謂「解鈴還須繫鈴人」，從因地上來改良、改進，當然就會有不同的結果了！

貴人在那裡？你明理，你仁慈，你就是自己的貴人！明理會知道問題的所在；仁慈會得到別人的尊敬，如此還有什麼困難不能解決呢？

貴人在那裡？只要你勤勞，只要你廣結善緣，你就是自己的貴人！你勤勞必定得到佐助，你廣結善緣，還怕善緣不來照顧你嗎？

我們看到有一些人經濟潦倒時，就會想要找貴人來解決經濟上的問題；我們看到有些人在愛情上受挫，就會希望有人能在愛情上給予幫助。有的人在事業上一事無成，總希望親朋好友給予資助，甚至希望國家社會給予解決。其實，國家有貴人，社會也有貴人，親朋好友也有貴人；可是這許多的貴人，他都有他的看法，他都有他的分寸，他不會隨便做你的貴人。

所以，失意的朋友們，你找貴人嗎？那就先找你自己吧！你要相信，你自己才是貴人哪！

《人間福報》二〇〇一年七月十七日

❋ 發行50萬冊，台灣各書局暢銷書

《人間福報》每日專欄

《迷悟之間》

星雲大師每冊80篇短文的隨機點撥，讓您在生命轉折處豁然開朗，去迷轉悟，邁向清新自在的人生。

迷悟之間（1）、（2）每冊定價220元　迷悟之間（3）-(6) 每冊定價200元

香海文化出版

❋ 全世界發行百萬冊・淨化心靈良方

《佛光菜根譚》

美國多所大學選為授課教材

千則智慧語錄，富含人生哲理，又兼具文字優美，是各階層人士淨化身心的法寶；朋友間彼此接心的橋樑；莘莘學子心性上的參考指南；佛弟子立身行事的準則。

精裝

平裝

平裝

佛光菜根譚（1）、（2）

香海文化出版　平裝 每冊助印價100元

佛光菜根譚（2）

香海文化出版　精裝 每冊助印價160元

佛教東傳 2000 年
佛光山二大貢獻
星雲大師編著
佛光山宗務委員會印行
當代人間佛教思想之精華
一．佛光教科書
四大功能：
1. 佛學院教師上課的教本
2. 信徒講習會進修的教材
3. 佛門中師父課徒的讀本
4. 社會研究佛學的入門書
內容包含：
第 一 冊　佛法僧三寶
第 二 冊　佛教的真理
第 三 冊　菩薩行證
第 四 冊　佛教史
第 五 冊　宗派概論
第 六 冊　實用佛教
第 七 冊　佛教常識
第 八 冊　佛教與世學
第 九 冊　佛教問題探討
第 十 冊　宗教概說
第十一冊　佛光學
第十二冊　佛教作品選錄
二．佛教叢書
全套共十冊
定價 5000元．助印價 3000元
第一．二．三版已流通 20000 套
第四版限量助印 10000 套
專線電話：
07-6563429(書記室覺了法師)
02-29800260(文化院滿觀法師)
02-27483302(香海文化永均法師)
傳真電話：07-6563804
劃撥帳號：04632451 佛光山寺
佛光文化事業有限公司
香海文化事業有限公司
代為流通
佛光教科書優惠價3000元

佛光文化
佛光文化
佛光文化
佛光文化
佛光文化
佛光文化
佛光文化
佛光文化
佛光文化
佛光文化

佛教叢書

1~10冊

第一冊 教理　　第六冊 宗派
第二冊 經典　　第七冊 儀制
第三冊 佛陀　　第八冊 教用
第四冊 弟子　　第九冊 藝文
第五冊 教史　　第十冊 人間佛教

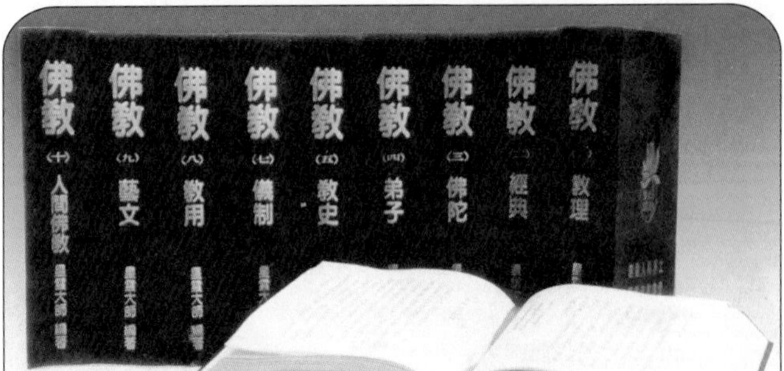

每套定價5000元　特價:3000元

國家圖書館出版品預行編目資料

人生加油站／星雲大師著.---初版---臺北市：
香海文化出版, 2004〔民93〕
面：公分.－－（迷悟之間典藏版；5）
ISBN 978-957-2973-78-3（精裝）

1.佛教－語錄

225.4 93013825

人生加油站迷悟之間典藏版⑤

作者／星雲大師
發行人／吳素真（慈容）
主編／佛光山法堂書記室
香海文化編輯部
責任編輯／蔡孟樺
封面設計／妙松
美術編輯／鄭美玲
圖片提供／世界佛教美術圖典
出版者／香海文化事業有限公司
地址／台北市110信義區松隆路327號9樓
電話／02-27483302　傳真／02-27605594
劃撥帳號／19110467　香海文化事業有限公司
網址／http://www.gandha.com.tw
e-mail:gandha@ms34.hinet.net

總經銷／時報文化出版企業股份有限公司
地址／台北縣中和市連城路134巷16號5樓
電話／02-23066842
法律顧問／舒建中、毛英富
登記證／局版北市業字第1107號
2004年09月初版一刷 2005年02月初版三刷 2013年05月初版六刷
2007年07月初版四刷 2009年01月初版五刷
全套定價／3000元整　單本定價／300元整
ISBN／978-957-2973-78-3